함께 여는 희망

이재순

돈
버는
시장

# 돈 버는 시장

이재준 지음

모아북스
MOABOOKS

# 사람을 품는 도시여야 한다

2018년 7월 1일, 취임식을 취소하고 가장 먼저 찾은 현장이 일산IC 정체 구간이었다. 10년 이상 상습 정체로 매일 저녁 퇴근 시간이면 서로 뒤엉켜 3분이면 갈 거리를 10~15분이 걸려 통과해야만 했다. 긴 시간보다도 멍청하게 반복되는 이 무력함에 나는 더 짜증이 났다.

"일산병원 방면으로 우회로를 하나 만듭시다."

하부도로 일부를 확장하고 서울외곽순환도로에서 나오는 차량을 일산병원 가는 하부도로에 연결하여 백마 학원가, 암센터 방향으로 우회 분산하기 위한 것이었다. 이렇게 공사를 완료한 지금, 일대 지연 정체는 말끔히 사라졌다.

생각에는 큰 힘이 있다. 보는 시각과 깊이에 따라 전혀 다른 결과를 만들어내는 결정이 많다. 관점을 달리한 고양 시정 3년 6개월이 만들어낸 변화와 방향성은 다양한 측면에서 큰 반향을 불러일으켰다. 양적 성장이 아니라 개념 있는 성장으로 질적 변화를 꾀했고, 더는 서울의 변방이 아니라 정책을 선도하는 중앙 무대로 나아가게 했다.

코로나19 속에서 고양의 혁신 정책은 대한민국을 넘어 세계 속으로 퍼져나갔고, 드라이브스루 선별진료소는 29개 나라에 소개되었으며, 특히 CNN 방송은 조회수가 1억5천만 뷰를 넘었다. 080 전화 한 통으로 다중이용시설 출입 인증이 가능한 고양 안심콜은 방역의 첨병 역할을 충분히 해냈다. 이 외에 휘경학원으로부터 오랫동안 돌려받지 못한 백석동 학교부지 환수, 일산하수종말처리장 소유권 반환, 일산대교 통행료 무료화 추진 등 시민의 권리를 위해 싸워온 열정의 순간들은 또 다른 자신감으로 곳곳에 스며들었다.

어떤 사람들은 나를 반항아라고 말한다. 반항아, 하면 왠지 낯설고 폭력적으로 보인다. 그러나 반항적 기질은 기존 체제에 대한 새로운 도전을 허락한다. 낡은 질서를 깨뜨리고 새로운 질서를 구축하는 변혁기에 통용되는 말이다. 고양의 항변은 '이유 있는 반항'이었다.

도시 행정은 무엇으로 한 시대를 책임지는가. 이 중요하고 절박한 질문은 이미 30여 년 전부터 시작되었고 수많은 석학이 전 생애를 바쳐 연구해왔다. 고양시의 작은 반항아적 행동은 도시를 좀 더 살기 좋게 만들 것이다. 탐욕적 성장보다 더 폭력적인 것은 없다. 도시에 인문적 관점을 반영토록 했고 민간 자본에 의한 수탈 행태에 맞서 고양시의 이익을 생각하는 전환점이 되었으며, 비정상적인 정책을 정상으로 돌렸다.

도시나 정책을 부분으로 보면 다 옳을 수도 있고 다 틀릴 수도 있다. 최근 이층버스가 일층버스보다 운행 효율이 더 높다는 연구 결과가 나왔다. 운전기사도 기름값도 일층버스와 같지만, 한 번에 2배의 승객(72명)을 태우고 다니니 훨씬 경제적이라는 것이다. 그러나 이는 출·퇴근 러시아워 시간대 72명 만석을 태우는 하루 2회만 맞는 얘기다. 나머지 시간에는 탑승객이 3명, 5명, 7명이라면 틀린 얘기고 오히려 비경제적이다. 한쪽만을 주장하는 이런 설명을 들을 때마다 나는 몹시 답답했다. 전체를 부분으로 나눠 필요할 때마다 이리저리 말을 달리하는 허위 논리를 간파해야 한다. 3년 반, 긴장을 늦추지 않고 한쪽만을 내세우는 일방 논리를 입체적으로 바라보면서 올바른 관점을 세우는 데 충실했다.

《미국 대도시의 삶과 죽음》이란 책에는 현재의 문제 또는 지역 문제에만 집착한 나머지 다음 세대나 옆 도시를 고려하지 않아 도시 문제가 생긴다고 했다. 미래나 다음 세대 얘기는 위험하다. 비난도 많이 받는다. 당장 현실적 이익을 달성하는 셈법이 다르고 누구도 다음을 위해 자신의 이익을 포기하지 않기 때문이다. 그래도 누군가는 그 길로 가야 다른 세상을 상상할 수 있다.

최근 1기 신도시 리모델링과 재건축이 화두다. 킨텍스 지원 부지인 C4 부지를 30년간 매각을 금지하는 미래 용지로 보존하자 많은 사람이 우려와 비난의 눈초리를 보내왔다. 나는 "1기 신도시가 향후 30년을 더 사용하고 재건축할 때 이 토지를 개발하거나 매각한 이익금으로 철거비용이라도 지원할 수 있을 것"이라고 했다. 머지않아 1기 신도시 등 30년 이상 된 고층 아파트의 쇠퇴는 커다란 사회 문제로 대두될 것이다.

우리는 너무 많은 건물을 단시간에 짓고 또 단박에 허문다. 주택 100만 호 건설을 목표로 추진된 1990년대의 상황이 이제는 **100만 호 재건축**으로 비화할 날이 머지않았다. 이 많은 아파트를 어디로 옮길 것이고, 어떻게 지을 것인가? 불과 3년 전 시의회 본회의장에서 던진 질문이지만, 그때 이런 논의에 귀 기울이는 사람은 없었다.

조금 더 멀리 보려는 노력, 현실적 이익만이 아니라 사람과 사회의 근원적 고민을 실천하는 행동이 필요하다. 우리는 각자 파편화되어 서로가 위기라 느끼며 살아간다.

공적 영역을 사적 영역으로 돌리는 것이 이익이고 경제 발전이라고 호들갑을 떨던 시대가 있었다. 신자유주의란 이름으로 포장한 채 국가의 영역을 민영화해서 기업에 배분하며 계수화에 열을 올렸고, 공공 복지가 민간 수익으로 치환되는 숫자놀음에 열광했다. 효율성과 차익 실현만이 그들이 골몰한 최대 현안이었다. 기술 선진국들의 소비시장을 확장하기 위해 태어난 WTO는 적정 기술에 의한 생산력 단계를 인정하지 않고 자급자족의 순환적 경제체제를 붕괴시켰다. 다음을 위한 결정, 공공을 위한 미래 투자가 모두 '눈앞의 이익이 우선'이라는 말에 걸려 넘어졌다.

뉴타운은 오래된 저층 주거지를 고층 현대식 아파트로 변화시키자는 좋은 의도로 추진되었다. 그러나 거기까지만이었다. 뉴타운 몇 개 지역을 조사한 결과 거주민의 실질 재산액이 1억 원 정도에 불과했다. 새집이 4억 원, 5억 원을 호가하니 결국 3억 원 이상 빚을 지지 않고서는 입주할 방도가 없는 상상 속 집이었고, 원리금과 관리비를 감당할 수 없어서 팔아넘기고 떠나야 하는 집이 되었다. 원주민 재정착률은 30%에 그쳤고, 나머지 대다수는 살던 곳에서 쫓겨났다. 그들 중 70% 정도가 인근에 직장을 가지고 있었고, 뉴타운은 그들의 삶터가 있는 생존 지역이었다.

미래를 지금 당장 현재화해서 부여줄 수는 없다. 그런데도 불구하고 상상하며 끊임없이 조율해가는 과정이 도시 행정이고 정치다. 가치적 관점으로 응시하며 끝없이 싸워야 합리적으로, 좀 더 선한 쪽으로 겨우 한 발 내디딜 수 있다. 모든 도시는 양분되어 있다. '예스냐', '노냐?' 양단의 선택에 길들여온 사이 우리 뇌는 바보가 되었다. 더는 되묻지 않고 판단하지 않는다. 그냥 다수의 편에 서서 떨어지는 떡고물이나 받아 챙긴다. 이해심 많고 학습된 사람도 자신의 문제에서만큼은 양보나 타협을 받아들이지 않는다. 트럼프 4년 이후 이런 대결 구도가 더욱 깊어졌다. 정치적 이해를 위해 민주적 절차를 파괴하고 분노를 일상화시킨 결과다. 사실상 정치의 포기 선언이다.

집중이 필요하다. 사물과 현상을 보이는 대로 보는 것이 아니라 그 이면에 담긴 아픔을 함께 읽어야 한다. 그래야 통증에 동감할 수 있다.

광화문과 서울역 부근에 환승센터를 만들고 그곳에 기사 휴게소가 있어야 한다고 말한 적이 있다. 한 번 왕복하는 데 4시간 정도 걸리는 버스 운전기사들에게 화장실이 필요하기 때문이다. 실행되지 않았다. 서울은 품는 도시가 아니라 배제하고 가르는 도시가 되었다. 결국, 우리는 서울과 고양시 경계지짐인 자유로, 수색로, 통일로에 긴급화장실을 설치했다. 어떻게 매일 왕복하는 운전기사들에게 화장실 하나 내어주지 못하는 도시가 되었을까. 애써 참으며 신호등 앞에서 허겁지겁 뛰어가는 그 모습을 수천, 수만 날을 그냥 시나쳤다. 이렇게 우리는 타인에 무관심하다.

시청 신청사를 지으면서 그 안에서 일하는 모든 분에게 필요 공간이 확보되도록 주문했다. 신청사에서는 계단 밑은 사람이 사용하는 공간이 아님을 분명히 했다. 눈높이를 마주하고 바라봐야 제대로 보인다.

존재하는 것은 모두가 옳다. 우리의 역할이 만들어낸 결과가 현재고 존재다. 더 철저했고 덜 관대했다면 좀 더 나아졌을까. 포용의 도시로 되돌리기 위해, 작은 오류에도 긴장해왔던 날들을 이렇게 몇 자 기록으로 풀어놓는다. 생각을 함께 짊어져준 고양시의 모든 공직자께 감사드린다.

임인년 벽두에, 이재준

이 책은 3부 10장으로 구성되어 있다.

[**1부: 지켜내다**]에는 자본의 탐욕에 유린당해온 도시의 공익적 가치를 회복하고자 분투해온 필자의 노력과 철학을 담고 있다. 1부는 1~3장으로 구성했는데, 1장에서는 정치인으로서 세상을 바꾸는 일에 중독된 필자의 필사적인 노력에 빗대 "아무것도 바꾸지 않을 거면, 아무것도 하지 말라"는 역설(逆說)을 역설(力說)한다. 이어 2장에서는 '법대로'에 숨은 함정, 진정한 인권의 의미를 짚음으로써 공공이 사회적 약자를 어떻게 지켜줘야 하는지를 말한다. 그리고 3장에서는 시장이 지역 발전과 주민 복리를 위한 종잣돈을 마련하기 위해 어떻게 돈을 버는지, 생생한 사례로 말한다.

[**2부: 찾아오다**]에는 오로지 주민의 이익을 위해 골리앗에 맞선 다윗의 10년 전쟁을 극적으로 펼쳐내고 있다. 2부는 4~7장으로 구성했

는데, 4장에서는 사상 최초의 '미래용지'를 탄생시켜 너 큰 날갯짓을 준비하는 이야기를 들려준다. 이어 5장에서는 일그러진 도시의 얼굴을 폭로하며 정치인의 책무에 대해 화두를 던진다. 그리고 6장에서는 시장실이 환승역 주차장 앞으로 옮겨간 사연을 풀어놓는다. 7장은 아직 끝나지 않은 (사실 언제 끝날지 모를) 골리앗과의 10년 전쟁을 말한다.

〔3부: 준비하다〕에는 이른바 신도시가 들어서고 개발 사업이 이루어지는 속사정을 적나라하게 드러내는 한편, 그렇게 만들어져 베드타운으로 전락한 신도시의 현실을 짚어낸다. 그리고 이런 현실을 바꾸기 위해 정치인은 무엇을 해야 하는지, 그간 겪어낸 경험을 살려 생생하게 제시한다. 3부는 8~10장으로 구성했는데, 8장에서는 베드타운이 왜 배드타운인지 지적하고 '살기 좋은 도시'의 기준으로 일자리를 강조한다. 9장에서는 신도시의 불편한 진실을 말하면서 3기 신도시 지정에 얽힌 무용담을 풀어놓는다. 끝으로 10장에서는 일회용 도시의 종말을 말하면서 도시재생의 의미와 가치를 제시한다.

## [PART 01] 지켜내다

### 제1장　권한은 크게, 행정은 효율적으로

### 제2장　무통증 사회

## [PART 02] 찾아오다

PART 01

지켜내다

# 권한은 크게,
# 행정은 효율적으로

누군가 아무리 좋은 아이디어를 내도 그 자체만으로 세상을 바꿀 수는 없다. 공공 역시 조직과 예산만으로 행정을 운영할 수 없다. 민간의 아이디어, 공공의 실행력이 결합될 때 우리가 발 딛고 있는 세상은 비로소 바뀐다.

# 01
# 세상을 바꾸는 일에
# 중독되다

나는 도의원이 되기 전부터 불만도 많고, 제안을 밥 먹 듯 내는 '제안왕'이었다. 상당수는 무참히 거절당하거나 사장됐지만, 간혹 살아남은 아이디어도 있었다. 아흔아홉 개의 아이디어가 거절 당해도 마지막 한 개의 아이디어가 받아들여질 때, 그리고 그 아이 디어가 세상을 바꿀 때 느끼는 쾌감은 무엇과도 바꿀 수 없다.

동일 구간을 지나는데도 고양 버스라는 이유로 서울 버스보다 비 싼 값을 받는 청소년 버스요금에 대해 3년간 문제를 제기해 2017년 마침내 요금을 10% 할인토록 했다. 통신 감도를 높인다며 유치원과 어린이집, 학교에 기지국을 설치하는 통신사들의 무책임한 행태를 지적하고, 유치원과 초등학교 건물에 기지국 설치를 제한하는 '전자 파 안심지대' 제도를 전국 최초로 제정했다. 전자파 피해로부터 아이 들을 보호하고 싶었기 때문이다.

일상 속 사소한 거슬림이나 불편이라고 해서 그냥 넘기지도 않았다.

차량의 빠른 흐름을 중시하느라 보행자가 교차로에서 두 번 건너는 불편을 겪게 하는 'ㅁ자 횡단보도'를, 보행자가 한 번에 건널 수 있는 편리한 'X자 횡단보도'로 바꾸자고 제안한 것이 지금은 보편화했다.

**세상을 바꾸는 일은 일종의 중독이었다. 안정적인 회사, 안정적인 사업을 그만두고 시민단체에서 활동하고, 급기야는 당시 국회의원 후보였던 노무현 캠프에 합류하며 본격적으로 정치에 뛰어든 것도 내 손으로 더 나은 세상을 만들어보겠다는 욕심 때문이었다.**

이 자신감은 오래 가지 못했다. 시장 취임 후 받은 첫 업무보고는 조금 과장하면 절망적이었다. 고양시라는 거대 도시의 미래와 109만 시민의 앞날을 위해 시장이 할 수 있는 일이 그리 많지 않아 보였기 때문이다.

도서관 하나 짓는 것, 기업 하나 들이는 것, 그린벨트 한 평 해제하는 것까지 국가, 경기도 등 상급기관의 허가가 필요하거나, 수천억 원이 넘는 막대한 예산이 필요했다. 무엇 하나 스스로 할 수 있는 권한이 없었다.

또 하나, 내가 실망한 것은 관성에 젖은 공직 문화였다.

2008년, 고양시 20개 시내버스 회사가 중구난방으로 노선번호를 정해놓은 까닭에 사람들이 번호만 보고는 목적지를 찾는 데 애를 먹었다. 그래서 교통지도과 대중교통팀장을 찾아가 통일된 버스번호 체계를 만들 것을 제안했다.

당시 나를 놀라게 한 것은 담당 공무원의 적극적인 반응이었다. 아무리 좋은 아이디어도 공직자가 단순 민원으로 치부하고 흘려들으면 사장되는데, 담당 팀장은 '좋은 생각'이라고 칭찬하며 너무나 흔쾌히 제안을 수용했을 뿐 아니라 버스 사업자들을 적극적으로 설득하기까지 했다. 덕분에 고양시에 있던 수백 대의 마을버스 번호 앞에 '0'을 넣어 세 자리 번호체계를 만들 수 있었고, 시민들의 오랜 불편을 해결할 수 있었다.

그때부터 내 상상 속 고양시 공직자는 이런 적극적인 모습을 지닌 사람이 되었다.

그런데 전국 모든 도시 중 고양시를 유독 촘촘하게 밧줄처럼 옭아맨 각종 규제와 불평등을 공직자들은 너무나 당연하게 받아들이고, 그 테두리 안에서 수동적으로 일하고 있었다. 한편으로는 '우리 공직자들이 참 착하고 순진하구나' 하는 생각도 들었다.

공직자를 비롯해 사람들 대부분에게 변화는 즐거움이 아닌 두려움이다. 검증되지 않은 변화는 다수에게 '위험'으로 받아들여지고, 검증된 변화는 기득권 집단에 '위협'으로 받아들여진다. 그 때문에 세상을 바꾸기 위한 대부분의 시도는 마찰을 수반한다.

관행대로 일하면 마찰을 겪을 일도, 갈등을 겪을 일도, 상위기관으로부터 감사를 받을 일도 없다. 그러나 고양시의 변화 역시 없다.

도시 브랜드 조사에서 고양시는 늘 전국 다섯 손가락에 든다. 오랜 시간 고양시는 '살기 좋은 도시'라는 그럴듯한 타이틀 속에 안주해왔다. 물론 고양시가 살기 좋은 도시라는 것을 부정하는 것은 아니다. 문제는 그것이 도시의 본질인가, 하는 것이다.

살기 좋은 도시의 정의는 늘 변하게 마련이다. 불과 십수 년 전만

하더라도 우리는 쾌적하고 깨끗한 도시를 살기 좋은 도시라고 일컬었다. 새 건물을 짓고, 도로를 넓히고, 공원을 만들었다. 그럴듯해 보이는 도시들이 기성품처럼 쏟아졌다.

그러나 도시의 '본질적 기능'에는 상대적으로 소홀했던 것이 사실이다. 도시 안에 시민의 생계를 책임질 직장이 있는지, 폭넓은 기회와 활동을 위한 교통망을 잘 갖추고 있는지, 사람과 사람의 만남을 위한 소통의 공간이 있는지는 고민하지 않았다.

도시의 본질을 외면한 성장에는 필연적으로 한계가 존재한다. 고양시는 계속 살기 좋은 도시로 남을 것인지, 아니면 과거의 영광만을 품에 안고 살아가는 허울 좋은 도시로 남을 것인지, 갈림길에 서 있다.

고민의 시작은 바로 이 지점부터였다. '고양시의 생존 전략은 무엇인지, 변화하는 시대 속에서 어떻게 단절 없이 성장할 것인지'라는 물음으로 고양시를 바꾸는 일을 시작했다.

# 02

# "아무것도 바꾸지 않을 거면,
# 아무것도 하지 마십시오"

당장 큰 변화는 어렵지만, 할 수 있는 일부터 하나씩 바꾸어가면 언젠가 더 큰 기회도 올 것이라는 확신이 있었다. 가장 바꾸기 쉬운 것, 그리고 **가장 먼저 바꾸어야 하는 것은 우리 자신이었다.**

**"아무것도 바꾸지 않을 거면, 아무것도 하지 마십시오."**

**관성에 젖은 고양시 행정을 향한 최초의 경고였다. 내용의 변화를 위해서는 형식의 변화가 선행되어야 한다. 가장 먼저 시도한 것은 불필요한 관행의 타파였다.**

낡은 관행의 위력은 어쩌면 명문화된 법보다 더 강하다. 법은 바꾸고 싶으면 공식 절차를 거쳐 개정할 수 있지만, 관행은 사회에 오랜 시간 암세포처럼 엉겨붙고 응고되어, 이제 좀 없애자고 말해도 쉽게 없앨 수 있는 것이 아니다.

직원 스스로 불필요한 업무를 찾아 폐지할 기회를 먼저 주었다. '워크 다이어트' 프로젝트였다. 그 결과 80개가 넘는 관례적 업무를 폐지하고, 여기에 쓰이던 19억 원의 예산도 덩달아 줄일 수 있었다.

자기 손으로 자기 업무를 없앤 한 8급 직원은 고마움을 표시해왔다.

"전임자가 하던 일이라 저도 아무 의심 없이 따라 했는데, 다시 생각해보니 왜 제가 그걸 하고 있었는지 모르겠네요."

이렇게 해도 남은 소모성 업무는 아예 다음 해 예산을 삭감해버렸다. 있으나마나 한 각종 위원회도 손질했다. 시민과 전문가가 분야별로 자문이나 의견을 주는 위원회는 정책 수립 과정에서 꼭 필요하지만, 사안이 발생할 때마다 마구잡이로 만들다보니 어느새 150여 개로 늘어나 업무 부담을 늘리고 있었다. 단 한 차례도 회의도 개최하지 않은 채 개점 휴업 상태가 되어 '예산 먹는 하마'로 남아 있는 위원회도 상당수였다. 원래 설립 목적을 잃거나 기능이 중복된 30개의 위원회를 통폐합했다.

부실한 경영 문제가 늘 언론에 단골처럼 오르내리지만, 아무도 쉽게 손대지 못했던 고양시 산하 공공기관도 함께 '다이어트'를 했다.

경영 성과와 관계없이 매년 밑 빠진 독처럼 새어나가던 관행적 예산을 합리적으로 조정하고, 불용액 이월로 잠자고 있던 잉여금도 30억 원이나 반납받았다. 산하기관이 소유한 부지를 민간에 임대 시 기존에는 '엿장수 마음'인 양 주먹구구식으로 임대료를 매겼지만, 앞으로는 공개입찰에 부쳐 최소한 주변 공시지가와 임대료를 맞출 수 있도록 했다.

절감한 것은 불필요한 예산과 행정력뿐만이 아니었다. 낭비되던 민원인의 '시간'도 포함됐다.

어느 토요일, 한 남성이 당직실로 찾아와 실랑이를 벌이는 모습을 목격했다. "월요일에 신고 서류를 접수했는데 이번 주에는 될 줄 알고 마냥 기다렸다"는 것이다. 이 남성은 "당장 꼭 필요한데, 서류만이라도 찾아갈 수 없느냐"라고 애원했다. 당직자는 "저희도 방법이 없다. 이러시면 안 된다"는 말을 반복할 수밖에 없었다.

궁금한 마음에 이 민원의 처리기간을 찾아보니 7일이었다. 규정상 마지막 날이 공휴일일 경우 처리기한이 그다음 날이 되므로, 월요일에 신청하면 사실상 그다음 주 월요일로 처리기한이 넘어가는 것이다.

공무원들에게 이 남성은 법령상 안 되는 것을 떼쓰고 요구하는 무수히 많은 '진상 민원인' 중 하나 정도일 것이다. 공무원들의 마음도 이해되지만, 조금 다른 생각도 들었다. 왜 공무원은 주 5일 근무하는데 민원 처리기간을 7일로 운영하는 것일까?

조금 더 찾아보니, 대부분의 민원 처리기간이 5일이 아닌 7일, 10일이 아닌 14일로 법령에 정해져 있었다. 기한만 보면 각각 '1주, 2주짜리' 민원이지만 사실은 '2주, 3주짜리' 민원인 것이다.

그래서 도입한 것이 민원처리기간 단축제도다. **고양시만큼은 법정 처리기한보다 앞당겨 민원을 처리하기로 했다. 480여 종에 달하는 민원 대부분을 단축했지만, 주 목적은 7일을 5일로, 14일을 10일로 앞당기는 것이었다.** 최대 4일로 일수로는 크지 않지만, 민원 당사자에게는 1~2주씩 처리기한이 앞당겨 지는 체감 효과가 있었다.

특히 약국 개설, 지하수 개발 이용 준공신고, 토지 사용허가, 어린이집 변경인가, 거래가격 신고 등은 며칠만 더 빨리 처리해주어도 사업자의 비용이 절감되고, 시민도 불편을 하루빨리 덜 수 있게 됐다. 3년간 총 67만 시간이 시민들의 소중한 시간이 단축됐다.

# 03

# 작은 아이디어가 불러온
# 큰 혁신

이상하게 들릴지 모르겠지만, 시장이 되어 가장 하고 싶었던 일은 직원들과 편안한 자리에서 수다를 떠는 것이었다.

간부들이 도열한 공식 회의에서 대뜸 의견이나 아이디어를 말해보라고 하면 직원들은 대부분 겁부터 먹고 부담스러워한다. 물론 시장이란 사람이 앞에 있으니 위압감도 들겠지만, 대개는 비웃음이 두려워서, 혹은 너무 별것 아닌 내용 같아서 입 밖에 의견을 내지 못한다.

내부에서 열리는 각종 직원회의란 회의들은 대부분 너무 무겁고 딱딱했다. '여럿이 모여 의논하는 자리'라는 회의의 취지와는 어긋나게 하급자의 보고, 상급자의 지시만 오고가는 단방향 체계였다.

특히, 매주 5급 이상 간부가 주요 사업과 현안을 공유하는 간부회의는 회의를 위한 회의 그 자체라 거북함이 느껴졌다. 회의 한 번을 준비하는 데 온 직원이 일주일간 골머리를 앓았다. 어느 순간인가부터 각 부서의 성과를 시장에게 자랑하고 경쟁하는 것이 회의의 목적이 됐고, 더 화려한 그래프, 더 그럴듯한 수치로 회의 자료를 포장하기에 바빴다.

투입되는 행정력에 비해 결실은 미미한 간부회의를, 문제를 공유하고 해결하는 결과 중심의 회의로 개편했다. 매주 회의를 격주 회의로 변경하고, 태블릿PC를 활용한 종이 없는 회의로 바꾸어 불필요한 보고서나 서류 제출을 줄이도록 했다.

한편으로는 형식과 위계를 없애고 자유롭게 의견을 나누는 가벼운 '수다 타임'을 늘렸다.

정기적인 회의 대신, 필요할 때 소수의 실무자만 호출, 하나의 현안에 대해 집중적으로 해결책을 찾는 현안조정회의를 열었다. 윗사람이 있으면 허심탄회한 의견이 어려울까 봐 6급부터 9급까지 젊은 실무자들만 모인 정책간담회를 열고, 팀장, 서무, 동 직원 등 계층별로도 간담회를 열었다. 그럴 때마다 나는 말했다.

"그냥 던져만 주세요. 우리가 원하는 건 아이디어지, 그 아이디어를 완벽하게 만들어달라는 게 아니에요."

완성도가 높지 않아도 좋았다. 거칠고 투박한 아이디어를 잘 다듬어 완성하는 것은 담당 부서나 전문가의 역할이기 때문이다.

이마저 부끄러워서 아이디어를 내지 못하는 직원, 정식으로 제안서를 작성하는 것이 부담스러운 직원을 위해 아이디어 요지만 한 줄로 적어내는 '한 줄 아이디어 공모'를 만들기도 했다.

**그러나 이런 간담회는 아이디어 창구의 극히 일부일 뿐이었다. 공식적인 자리가 끝나고 같이 차를 마시거나 저녁을 함께하는 자리에**

**서 비로소 진솔한 이야기들이 나왔고, 생각지 못한 강렬하고 참신한 아이디어들이 굳어진 머리를 일깨웠다.**

어떤 직원은 이런 우스갯소리도 했다. "혹시 가정에 불화 있습니까? 왜 이렇게 집에 안 들어가려고 하세요?" 직원들은 어떨지 모르겠지만 직원들과의 수다 타임은 내게 큰 활력소였다.

나의 작은 아이디어로 세상 일부분이 변했듯이, 공무원 한 사람의 아이디어가 곧 도시의 혁신이 될 것이라고 굳게 믿었다. 그리고 이 믿음은 하나둘씩 현실로 이뤄졌다.

무더위가 기승을 부리던 어느 여름, 행사가 끝나고 담당 부서 직원 몇 명에게 수고했다고 커피라도 한 잔 마시고 가자고 했다. 테라스에서 사람들이 간간이 지나가는 거리를 배경으로 시원한 아이스라떼를 홀짝이고 있었다. 당시 나는 보행자 중심의 걷고 싶은 거리를 만들기 위한 '차 없는 거리'를 구상하고 있었는데, 예산이나 협의가 뜻대로 되지 않아 골머리를 앓던 시점이었다.

그 이야기를 듣자 한 7급 직원이 조심스레 입을 열었다.

"시장님, 차 없는 거리보다 더 괜찮은 아이디어가 있는데, 이건 딱 7초면 됩니다. 7초만 시간을 조절하면 고양시 전체를 보행자 중심의 거리로 탈바꿈시킬 방법이 있습니다."

"7초요? 그게 뭐죠?"

"사거리에서는 차량 직진 신호와 횡단보도 녹색불이 동시에 켜집니다. 이때 우회전하는 차가 횡단보도 보행자와 부딪힐 위험이 큰데,

횡단보도 녹색불을 직진 신호보다 7초만 먼저 켜주면 우회전 차량이 보행자가 건너는 걸 미리 보게 돼서 사고가 줄어듭니다."

이야기를 듣자마자 '바로 이거다'라는 생각에 머리를 탁, 쳤다. 직원에게 연신 고마움을 표하며 당장 해보자고 말했다.

다음 날, 마침 고양시와 3개 경찰서가 모이는 '지역치안협의회'가 있었다. 게다가 당시 경비교통과장은 보행자 안전에 매우 관심이 컸다.

"고양시에서 사업비는 전액 부담하겠습니다. 이 사업, 같이 해보시면 어떻겠습니까?"

예상대로 경찰서 관계자들 역시 반색을 표하며 흔쾌히 수락했다. 어떤 정책도 이보다 더 결정과 실행이 빠를 수는 없었다. 그 즉시 3개 지점에 보행자 우선 출발 신호를 설치했고, 시민 호응과 사고율 감소 등, 성과도 거의 바로 나타났다.

이후 고양시 전체 신호등의 10%까지 보행자 우선 출발 신호로 바꾸었다. 예산을 크게 들이지 않고 단순히 시간을 조절한 것만으로도 횡단보도 앞에서의 교통사고 위험도가 70%나 낮아졌다.

코로나19 시국에서도 아이디어를 모으는 일은 그치지 않았다. 매일 재난안전대책본부 회의를 열어 방역 대책을 논의했고, 그 결과 드라이브스루 선별진료소와 안심콜 전화 출입인증 시스템, 안심콜 방역 패스 등 전국 최초의 코로나 대응 정책들이 고양시에서 배출됐다.

직원들 사이에서 '시장은 아이디어에 미친 사람'이라는 소문이 났다. 맞는 말이지만, 나는 아이디어에만 미친 사람은 아니었다. 이를

고양시의 드라이브스루 선별진료소

실행하는 것 역시 아이디어를 고안해내는 것만큼의 가치를 지닌 작업이라고 생각해왔다.

검사시간을 5분의 1로 단축하며 '코로나 검사의 대혁명'을 일으켰던 고양시의 드라이브스루 선별진료소의 경우, 이를 처음 제안한 것, 처음 설치한 것 모두 고양시가 아니었다. 제안은 한 감염내과 의사가, 설치는 경북 칠곡대병원이 처음했다.

그런데 정부와 전국 도시들의 표준 모델로 채택되고, BBC, CNN 등 세계 유수 언론의 주목을 받은 것은 다름 아닌 고양시의 진료소 모델이었다. 고양시의 '안심 카 선별진료소'는 단순히 컨테이너 하나를 놓고 자동차로 예약 신청한 사람만 진료하는 것이 아니라 문진-

검사-검체 채취의 '3단계 검사 시스템'을 처음 체계화함으로써 신속 대량 진료가 가능한 체제를 구축하는 아이디어를 가장 효과적으로 완성한 작품이었기 때문이다.

누군가 아무리 좋은 아이디어를 내도 그 자체만으로 세상을 바꿀 수는 없다. 공공 역시 조직과 예산만으로 행정을 운영할 수 없다. 민간의 아이디어, 공공의 실행력이 결합될 때 우리가 발 딛고 있는 세상은 비로소 바뀐다.

# 04

# 모을수록 가치가 더 커지는 예산

선거철마다 수많은 정치인의 약속과 구호가 햇볕에 빨래 널듯이 거리와 골목에 펼쳐진다. 유권자가 혹하는 정책 대부분은 단기간에 효과를 보기 어려운 중장기 사업이다.

그러나 황무지에 당장 고속도로라도 놓을 것처럼 야심찼던 약속은 정작 취임하고 나면 허공에 맴도는 구호로 변해버린다.

당장 예산은 한정되어 있고, 그렇다면 힘도 덜 들면서 성과가 빨리 보이는 단기 사업을 선택하는 것이 정치적으로는 더 도움이 된다. 외곽지역 작은 마을의 비포장길에 도로를 새로 놓는 것보다, 행사 수십 개를 열어 단체를 지원하고 얼굴이라도 비추는 것이 효과가 더 즉각적이다.

결국, 중장기 사업은 화려한 구호로 포장돼 단물만 쏙 뽑힌 채, 실제 실행은 폭탄 돌리듯이 후대에 미뤄진다. 정책은 예산과 행정력, 결단이 뒷받침될 때 비로소 현실이 된다. 그러나 많은 정치인이 약속만 할 뿐, 결단하지 않았다.

물론 예산을 어디에 쓸 것인지는 각자의 상황에 맞추어 선택할 일이다. 그러나 목돈이 지출되어야 할 미래가 '확실'하다면, 더욱이 그 미래가, 우리가 반드시 맞이해야 할 미래라면 어떨까.

지금 고양시는 그 확실한 미래가 어렴풋이 보이는 출발선에 서 있나. 일산테크노밸리를 유치하여 착공했고, 킨텍스 제3전시장 설계 공모를 마치고 본 설계에 들어갔으며, CJ라이브시티와 방송영상밸리가 2021년에 착공하는 등 자족사업들이 9부 능선을 넘고 있다.

언제가 될지 모르지만, 곧 다가올 일들도 산적해 있다. 1기 신도시 일산은 이미 30년이 지났고, 1기 신도시와 함께 조성된 공공시설, 공원, 육교 등도 함께 나이가 들어 노후화 대비가 필요하다. 도로와 철도망도 급증한 인구를 수용하기에 턱없이 부족해졌다.

지금 우리는 이떤 선택을 할 수 있을까? 당장 필요한 일들에 한 해 예산을 모두 투입할 것인가, 아니면 반드시 다가올 미래에 대비해 조금이라도 여유분을 저축할 것인가?

개인이라면 조금은 선택하기가 편할지도 모르겠다. 하지만 고양시의 선택에는 109만 시민의 삶이 실려 있다. 꼭 해야 할 일을 하지 않아서, 반드시 벌어질 일에 대비하지 않아서 누군가 자신의 권리를 포기하거나 절호의 기회를 놓치는 일이 일어나서는 안 된다.

고양시는 저축을 택했다.

"할 필요 없는 일은 없애고, 꼭 해야 하는 일은 돈을 빌려서라도 합시다."

**앞으로 100년은 고양시를 먹여 살릴 일산테크노밸리 개발을 위해 현금출자금 760억 원을 적립했다. 답보 상태에 있던 킨텍스 제3전시장도 언젠가는 건립이 가능해질 것이고, 그 기회가 찾아왔을 때 가장 빨리 착공해야 한다는 생각으로 250억 원을 비축했다.**

40년 전 인구와 조직 기준에 머물러 있는, 특례시가 된 고양에 걸맞지 않은 낡고 협소한 시 청사를 새롭게 건립하기 위해 1,700억 원을 적립했다.

언젠가 찾아올 1기 신도시 노후화를 대비하고, 이미 황폐한 구도심을 되살리기 위한 기금은 거의 바닥을 보인 상태였다. 150억 원 가까이 적립된 돈을 배 이상으로 늘렸다.

이렇게 2년간 저축한 돈이 무려 4천억 원이었다. 한 해 예산의 10% 가량을 모아둔 것이다.

믿기 어렵겠지만, 예산 저축이 '소극 행정'이라며 비난하는 이들도 있었다. 당장 해결해야 할 현안을 외면하고 굳이 나중의 일을 위해 돈을 묵혀놓는 이유가 뭐냐는 비판이었다.

이들에게 오히려 되묻고 싶었다. 손에 쥔 돈을 모두 써버리고 당장의 효과를 내는 일과, 내 임기가 아닐지도 모르는 일들에 대비해 돈을 모으는 일, 이 둘 중 시장에게 이익이 되는 것은 무엇일까? 또 고양시에는 무엇이 이익일까?

나는 고양시의 이익을 과감히 선택했다. 사업비도 마련되지 않은 일산테크노밸리, 언제 착공될지 모르는 킨텍스 제3전시장, 지도에만 그려진 광역철도망. 상상만 해도 끔찍한 일이기 때문이다.

누군가 꼭 해야 하는 일을 내가 했고, 언젠가 꼭 해야 하는 일을 지금 한 것뿐이다. 그것은 아직도 변치 않고 가지고 있는 시장으로서의 자세이고 철학이다.

저축을 하려면 여윳돈이 필요하다. 고양시는 여유가 생기면 저축을 하는 것이 아니라, '여유를 인위적으로 만들어' 저축을 하는 방식을 택했다.

넉넉지 않은 고양시의 수입으로 여윳돈을 마련하려면 자산을 매각하거나 지방채를 발행하거나 다른 예산을 삭감해야 한다. 가장 빠른 방법은 불필요한 예산의 삭감이다.

처음 내가 받아본 고양시의 통장은 빚만 없을 뿐 빠듯한 상황이었다. 많은 지자체가 그렇듯이, 국가와 도의 보조금, 그리고 주민세 등으로 벌어들인 한 해 예산을 한 해 다 쓰는 '한해살이'였다.

처음 고양시의 예산서에서 눈에 띈 것은 행사였다. 동별로 매년 여는 마을 축제를 비롯해 비슷해 보이는 행사들이 여기저기 중복돼 있었다. 돈 낭비는 둘째 치고, 이렇게 붕어빵처럼 찍어낸 행사들을 동시다발적으로 개최하는 것보다는 통폐합해서 더 특색 있고 굵직한 볼거리로 발전시키는 것이 훨씬 더 시민에게도 이득이 아닐까 싶었다. 수백만 원부터 수천만 원까지 지원되는 불필요한 행사들만 없애도 숨통이 조금 트였다.

한편으로 재정을 확보하기 위한 특별한 노력도 병행했다. 고양시 인구는 100만을 넘었지만, 수도의 성장을 제한하기 위한 3중 규제로 스스로 기업을 유치할 수 없다. 그 때문에 재정 여건은 같은 규모인 수원

·성남의 3분의 2도 되지 않는다. 스스로 돈을 벌 수 없는 상황에서 국비와 도비, 의존 재원을 최대한 확보하는 것이 우선순위였다.

국·도비 확보 TF를 발족해 각 부처를 찾아다녔다. 그 결과 전년 대비 150% 늘어난 40억 원의 특별교부세를 정부로부터 얻어냈고, 대규모 SOC 등 각종 공모사업의 예산도 고양시의 몫으로 가져왔고 2,800억 원의 성사혁신지구, 구)삼송초 부지의 650억 원 선도사업지 선정 등이다. 제도의 근본적인 허점도 꼬집었다. 그 대표 사례가 경기도 차등보조율 제도였다. 경기도는 매년 지자체별로 차등을 두어 보조금을 지급하는데, 각 시·군의 재정 규모가 아니라 인구수에 따라 차등을 두었다. 인구가 더 많은 시일수록 적은 보조금을 지급하는 것이다. 고양시는 재정자립도가 낮음에도 경기도 31개 도시 중 두 번째로 인구수가 많아 10%라는 낮은 보조율을 적용받고 있는 상황이었다.

쓸 곳은 많고, 벌 곳은 없는 고양시의 상황을 알리고 적극 어필한 덕분에 경기도는 2019년부터 고양시 차등보조율을 10%에서 30%로 상향하기로 결정했다.

다시 생각해도 시장으로서 참 감사한 일이었다. 공직자들의 열정적인 노력이 지금 고양시가 더 크게 도약할 수 있는 훌륭한 기반과 거름이었다.

# 제2장

# 무통증 사회

그동안의 갑질이 권력과 사회구조의 불평등에서 오는 갑질이었다면, 이제는 누가 갑이고 누가 을인지도 불분명한 개개인 사이에서의 '일시적인 권력 구도'가 갑질의 원인이 되고 있다. 갑질을 그만하라고 세상을 향해 울분을 토해내던 을들이 이제 일상에서 '작은 갑'이 되어버린 모순적인 모양새다. 그런가 하면, '언제나 을'로 전락해 버린 취약 근로자들도 있다.

# "법대로 해"라는 말의 함정

공직사회에서 법은 곧 경전이다. 모든 행동의 가장 강력한 기준이며 최상위 지침서다.

나는 공직자가 된 지 10년이 넘지만, 법이 모든 문제를 해결하는 만능 치료제라고는 생각지 않는다. 법이 닿지 않는 사각지대가 생각보다 많기 때문이다.

사람들은 법이 지치고 아픈 몸을 누일 따뜻한 온돌방이라고 생각한다. 그러나 법에는 온도가 없다. 아무리 불쌍하고 기구한 사연을 가졌더라도, 법은 모든 사람을 품에 안아주지 않는다. 그뿐만 아니다. 법을 지키는 것이 오히려 누군가의 소중한 권익과 일상을 침해하는 일들도 벌어지고 있다.

**흔히 "법대로 해!"라는 말을 한다. 서로 원활한 소통이 더는 불가능할 때 공권력에 판단을 맡기는 것이다. 아이러니하게도 이 말은 가해자가 피해자에게, 사회적 강자가 약자에게 하는 경우가 많다.**

우리나라는 성문법 국가다. 역으로 생각하면, 법에 열거된 것 외에는 뭐든 다 할 수 있다. 길거리 노점상에게 동네 조폭이 암암리에 세금을 걷어가는 것처럼, 법의 빈틈을 발견하고 이를 선점해 영향력을 행사하는 이들은 사회 어디에나 존재한다.

내가 조례를 유독 사랑하는 이유다. 법이 닿지 않는 사각지대가 있고 그 사각지대를 노리는 이들이 있다면, 그 허점을 찾아 메꾸는 사람도 있어야겠다는 생각이었고, 그 역할을 담당하는 것이 바로 지방자치단체가 만드는 법규인 '조례'라고 생각했다.

우리는 살다가 큰 위기부터 작은 불편까지 겪게 되는데, 그때마다 '이런 건 공공에서 좀 챙겨줘야 하지' 싶은 당연한 시민의 권리가 있다. 그러나 정부나 지자체에서 오랫동안 제도화하지 않고 외면한 나머지 '권리가 아닌 것처럼 되어버린' 것이 존재한다. 이러한 방치된 권리를 제도의 영역으로 편입하는 데 중점을 두었다. 영향력 있는 이익집단 뒤에 가려지기 쉬운 사회적 약자의 목소리를 듣고, 정책에 반영하고자 했다.

그래서 내가 만든 조례들은 대부분 수혜자가 소수이고 덩치가 작은 언더그라운드 선수다. 다수에게 잘 팔리는 정책을 만들어야 할 정치인에게는 매우 불리하다.

그러나 누군가 꼭 해야 할 일을 한다는 것만으로도 정치인의 소임을 반은 한 것이 아닐까 생각했다.

첫 번째로 찾아낸 제도의 사각지대가 바로 기피시설 편법 설치였다. 기피시설을 설치하는 일은 까다롭다. 인허가에 앞서 주민 의견청

취와 심의를 필수적으로 거쳐야 하기 때문이다.

이에 고양시 외곽지역에서는 창고나 일반 상업시설을 짓겠다며 수월하게 건축 인허가를 받은 후, 나중에 공장, 화장장, 골재파쇄장, 쓰레기선별장 등 기피시설로 업종을 슬쩍 변경하는 '편법 기피시설 설치'가 비일비재했다. 법의 허점을 철저히 악용해 다른 주민들이 고통을 겪는 대표적 사례였다.

이에 고양시는 전국 유례없는 '개발 인허가 특별 조례'를 제정했다. 사업자가 일반시설 용도로 허가를 받은 후 애초 목적과 달리 주민 기피시설로 용도를 변경할 경우, 신규 인허가와 마찬가지로 주민 의견청취와 심의를 필수적으로 거치도록 했다.

직접 초안을 작성해 5차례 이상 해당 부서와 꼼꼼히 논의하고 조율을 거듭하고 의회에 내밀었던 조례였지만, 조례가 제정되기까지 정말 거센 반대가 있었다. 일부 개발업자들로부터 지나친 규제라며 압력을 받은 것은 물론, '법 위에 군림하는 조례'라며 관련 업계 수백 명이 직권남용이라며 제정 반대에 나섰다.

그뿐만 아니라 경기도에서도 제동을 걸어왔다. 상위법에 근거도 없이 주민의 권리를 제한한다는 것이다. 소수 개발업자의 권리가 아닌 다수 주민의 권리를 '보장'하는 조례라고 생각했던 우리는 당황할 수밖에 없었다.

조례를 반대하는 이들은 법으로 처리할 일을 무리하게 조례를 제정해서 과도한 규제를 가한다고 비판했다. 그러나 수십 년 동안 아무도 편법 개발업자에 대한 규제법을 만들지 않았으며, 그로 인해 피해를 본 주민들에 대한 구제법도 만들지 않았다. 일종의 직무유기다. 법이 지키지 못한 공백을 조례로 메우겠다는 것마저 반대하는 처사를 나로서는 이해할 수 없었다.

반면에 그동안 기피시설로 몸살을 앓았던 외곽지역 주민들은 비로소 안도하고 환영했다. 결국, 다수 주민이 얻는 공익이 더 크다고 판단한 우리는 경기도의 재의 요구에도 불구하고 조례 공포를 강행했다. 왜 그렇게 무리해서 조례를 만드느냐고 묻는 이들에게 나는 대답했다.

**"법은 차가워도 조례는 따뜻해야 합니다. 시민에게는 법보다 조례가 더 가깝기 때문입니다."**

## 02

# 돈이 아닌 인권으로
# 바라보다

법은 사람과 도시를 바라보는 시선이다. 이 시선에 편견이 있거나 초점이 잘못 맞춰져 있다면, 결국 사람을 담지 못하는 법이 등장하게 된다.

고양시 일자리사업 참여자 중 모두의 마음을 먹먹하게 한 여성이 있었다. 이 여성은 전업주부였다가 전 남편과 이혼 후 출판사 사무보조로 일하면서 120만 원 조금 넘는 월급을 받으며 두 아이를 홀로 키우게 됐다. 다행히 재판에서 승소해 전 남편에게 매달 100만 원의 양육비를 받아낼 권리를 얻어냈다.

그런데 전 남편은 1년 정도 양육비를 주더니, 돌연 벌이가 시원치 않아 양육비를 못 주겠다고 통보했다. 100만 원대 수입으로는 두 아이를 제대로 키우기 어려웠다.

이 여성은 법원에 양육비 지급을 재차 청구했고, 법원은 전 남편을 일정기간 구치소에 감금하는 감치 명령을 내렸다. 그러나 전 남편은 주민등록이 말소되어 소재가 불분명한 상태였고, 감치 명령은 6개월 후 효력을 잃었다.

반년 동안 몸을 잘 숨겼다가 다시 모습을 드러낸 남편은 여전히 양육비를 주지 않았다. 여성은 또다시 법원에 지급 청구를 했고, 돈은 받을 길 없는 악순환이 반복됐다.

출국금지는 미지급 금액이 5천만 원을 넘는 경우만 해당하고, 운전면허 정지도 생업을 운전으로 하는 경우는 해당하지 않는다. 신상공개 처벌 규정도 있지만 사진 없이 이름 정도만 표기하기 때문에 큰 효력 없는 공개였다.

결국, 여성은 양육비를 받지 못했다. 코로나19로 직장까지 잃고 수천만 원의 빚을 떠안았다. 부부생활이 끝났다는 이유만으로 두 아이의 생계가 위태로워졌고, 모든 부담은 전적으로 아이 엄마에게 전가됐다.

**이 비참한 악순환은 근본적으로는 법이 양육비를 '돈'으로 바라보기 때문이다. 양육비는 아이의 인권이며, 양육비 미지급은 채무 불이행이 아니라 아동학대다. OECD 국가 중 양육비 미지급을 아동학대로 간주하지 않는 나라는 우리나라 밖에 없다.**

입법권이 없는 고양시가 할 수 있는 일은 시장 이름으로 국가에 건의하는 일뿐이었다. 조금 더 조사해보니 양육비 소송에서 승소한 이혼가정 중 70%가 이 여성처럼 양육비를 받지 못하는 상황이었다. 혹시라도 귀 기울여 줄까, 하는 생각에 법령 개정 건의도 해봤지만, 고양시의 외침은 큰 파장이 되기에는 너무나 작고 미미했다.

고양시에서라도 시작해봐야겠다는 생각에 만들게 된 조례가 바로 한시적 양육비 지원 조례다. 전 배우자로부터 양육비를 받지 못해 아이 양육에 곤란을 겪는 이혼가정에 최장 9개월간, 20만 원씩 양육비를 대신 지급해주는 제도다.

비록 근본적인 문제 해결책은 되지 못했고 금액도 그리 크지 않았지만, 양육비를 '인권'으로 바라본 최초의 제도라는 점에서 의미가 컸다. 얼마 전 뉴스에서 한 대선후보가 '양육비 구상권 제도'를 공약으로 내세운 것을 봤다. 정부와 주무 부처의 반응도 긍정적이라고 한다.

**작은 일과 작은 변화가 때로는 세상을 바꾸는 큰 사건이 되기도 한다. 비록 수혜자가 적을뿐더러 소액을 주는 조례라도, 내가 이 조례들을 내려놓지 않는 이유다.**

# 03

# 아프면 쉴 권리,
# 힘들면 휴식할 권리

평생 신념처럼 '왜'라는 물음을 달고 살아온 내 까탈스러움은 스쳐 지나치기 쉬운 일들을 붙잡아 챘다.

고양시에서 서울 강남까지 오가는 한 광역버스 노선이 있다. 이 버스는 왕복 거리가 무려 80km로 짧게는 4시간, 길게는 5시간을 운행해야 노선을 완주할 수 있다고 한다. 이 노선을 운행하는 기사들은 하루에 2회 이 노선을 돌아야 일이 끝난다고 한다.

근로기준법을 따지기 전에 의문이 하나 들었다. '대체 화장실은 다녀올 수 있을까?' 실상을 들어보니 기사들 대부분은 생리현상을 끝까지 참다가 손님이 적은 시간대를 활용해 주변에서 대충 해결하고 온다고 한다. 화장실이 없는 경우 부끄러움을 무릅쓰고 노상 방뇨를 하거나 그마저 어려우면 성인용 기저귀를 차고 운행을 한다고 하니, 가히 인권의 사각지대라 할 만했다.

이들의 고충을 해결할 방법을 하나 찾아냈다. 초등학생도 제시할

버스정류장 긴급화장실 설치

수 있는 해법이었다. 바로 버스노선 중간에 화장실을 설치하는 것이었다. 큰돈이 들지도 않는다. 수십, 아니 수백 명의 안전을 책임지는 광역버스 기사인데 그 정도 예산은 재정 규모와 전혀 상관없는 수준의 지출이었다.

문제는 이들을 바라보는 '시각'과 이를 해결하려는 '의지'에 있었다. 합리성과 효율성으로만 표현되는 경제와 일자리 인식 속에서는 이런 심각한 인권의 훼손도 단지 비용으로 치부될 뿐이었다.

다행히 해결할 의지와 예산은 우리에게 있었고, 즉시 실행에 옮기기로 했다. 시 주요 도로에 긴급화장실을 설치해 운수종사자들과 시민이 이용하도록 한 것이다. 이런 불편을 알아차리는 데 시간이 너무 오래 걸렸다.

우리 사회는 오랜 기간 일자리의 양에만 집중해왔다. 일자리를 얻고자 하는 사람들을 돕는 것도 중요하지만, 삶의 터전인 일자리를 지켜내고자 하는 이들의 절박함도 이제 우리 사회가 더 넓은 가슴으로 끌어안아야 한다.

최소한의 예우와 휴식을 보장받을 권리, 아프면 생계 걱정 없이 쉴 권리, 눈앞의 생계보다 나의 안전을 먼저 지킬 수 있는 권리는 모든 일자리에서의 기본권이다. 그러나 이 권리들은 철저하게 경제성만 계산하는 현실에서 너무도 당연하게 외면당해왔다.

이제 공공에서, 이 크고 깊은 인권의 사각지대를 보듬어야 한다. 더 많은 일자리를 넘어 더 좋은 일자리를 만들 시점이라는 생각이 들었다.

어느 날 보고서 형태로 올라온 통계조사 결과를 마주했다. 고양시 비정규직 근로자 중 영세사업장 근로자가 3만5천여 명이 되는데, 이들의 휴가 사용률이 고작 34%밖에 되지 않는다는 통계였다. 정규직의 경우 82%라고 하니 심각한 수준의 차이였다.

혹자는 '쉬고 싶으면 쉴 수 있는데 개인의 선택'이라는 그럴듯한 핑계를 들고 왔다. 그러나 하루 소득을 통째로 포기하며 휴가를 가야 하는 이들에겐 애초에 선택지란 없는 것과 같다.

단순히 휴가를 가지 못하는 것을 넘어, 아픈데도 쉬지 못하고 꾸역꾸역 고된 몸을 이끌고 출근하는 것은 모든 비정규직과 자영업자들의 숙명처럼 받아들여지고 있었다.

고양시는 전국 최초로 '노동 취약계층 유급 병가 지원 조례'를 제정했다. 병원 진료나 검진을 받을 경우, 혹은 질병이나 사고로 입원 시 하루 8만 원가량의 생계비를 연간 3일까지 지원토록 했다. 소득 손실이 걱정돼 아파도 쉬지 못하는 취약 노동자들을 보호하기 위한 제도적 장치를 마련한 것이다.

**정책의 이면에는 늘 그 정책이 궁극적으로 지향하고자 하는 목적이 숨어 있다. 고양시의 유급 병가 지원은 표면적으로는 휴가로 인해 받지 못하는 임금을 보전해주는 작은 사업일 뿐이지만, '아프면 쉴 권리', '몇 만 원이란 숫자에 내 인권을 포기하지 않을 권리'를 찾기 위한 일종의 선언이었다.**

세상에는 누구나 인지하고 있지만, 아무도 인식하지 못하는 일이 아직 너무 많다. 호수 위에 떨어진 작은 빗방울 하나가 잔잔한 파동으로 퍼져나가듯, 고양시가 울린 작은 외침이 곧 국가의 정책이 되고 세상을 바꾸는 울림이 될 것이라 확신한다.

# 04

# 세상에 영원한 갑은 없다

대학 졸업 후 울산의 한 정유회사에 취직했다. 수입도 그럭저럭 괜찮고 적성에도 꽤 맞았다. 이 안정적인 직장을 그만두게 된 계기는 아끼던 대학 후배인 김윤기 열사의 죽음을 접하고 나서였다.

대학 시절을 오롯이 민주화 투쟁에 앞장섰던 김윤기 열사는 성남의 '덕진양행'이라는 공장에 취직하고, 노조위원장이 됐다. 돈벌이를 위해서가 아니라 순전히 저임금 장시간 노동의 열악한 여건 속에 있던 노동자들에게 인간다운 삶을 만들어주기 위한 목적이었다. 파업을 이어가며 자기 뜻을 관철하려 했지만, 회사 측의 무성의한 태도와 협박, 온갖 회유에 분노하며 결국 분신자살로 삶을 마쳤다.

당시 김윤기 열사 장학회를 만들어 오랜 시간 운영하고, 재능교육, 기아자동차 비정규직 인권위원회 농성, 쌍용차 등 농성 현장에 찾아가 200만 원을 기부하기도 했다.

그러나 후배의 죽음은 그저 한 노동자의 죽음일 뿐이었다. 사회적 약자는 늘 외면받았고, 그 죽음마저 너무나 금방 잊혔다. 아무리 크게 외쳐도 누구도 그 목소리를 듣지 않는 힘없는 노동자로서 우리 사회를 변화시키기에는 그 한계가 너무나 명확했다.

후배의 죽음은 삶의 전환점이었다. 이후 잘 다니던 직장을 그만두고 회사를 차려 사장이 됐다. 규모는 작았지만, 기반을 탄탄히 다지고 기술을 늘려가며 조금씩 성장해 갈 무렵에 돌연 IMF 사태가 찾아왔다. 60평짜리 창고에 가득 채운 가죽 원단과 자재들은 원가의 10분의 1로 가격이 폭락해 버렸고 길거리에 나앉다시피 했다.

이렇게 나는 30대에는 직장인으로, 40대에는 사장으로 일하며 노동자와 사용자의 입장이 모두 되어보았다. 내가 갑이냐 을이냐의 문제가 아니었다. 어느 것 하나 내가 원하는 '세상을 바꾸는 일'의 근본적 해답은 되지 못했다.

최인훈의 소설 〈광장〉에서 주인공은 남과 북 어느 곳도 택하지 않고 바다에 몸을 던진다. 나는 바다에 몸을 던지는 대신 정치에 몸을 던졌다. 그리고 갑과 을의 문제에 대한 근본적인 고민을 이어갔다.

대기업과 프랜차이즈, 직장 내에서 상급자 등의 갑질은 이미 수년 전부터 사회를 시끄럽게 했다. 굴지의 대기업 회장과 아내가 처벌을 받았고, 거대 프랜차이즈 본사가 매출에 타격을 받고 사과했으며, 직원을 폭행한 벤처기업 상급자도 구속됐다.

연일 지면을 채워내는 언론 덕에 어쩌면 우리 눈에 보이는 구조적인 갑질은 잠시 주춤했는지 모른다.

그러나 갑질은 여전히 우리 일상을 잠식하고 있다. 우리를 분노하게 했던 '거대한 갑질'보다 더 심각한 것은 누가 갑인지도 분명하지 않은 상황에서 갑질이 만연해 있다는 데 있다.

2020년 서울 한 지역에서는 아파트 입주민이 경비원을 폭행하고 모욕적인 언행을 계속한 끝에 경비원이 스스로 극단적인 선택을 하는 사건이 발생했다.

세상을 들썩이게 한 이 사건에서 고민해야 할 것은 '누가 갑인가'라는 질문이다. 경비원을 폭행하고 괴롭힌 입주민은 사회적인 권력도 지위도, 재력도 갖지 못해 그동안에 '을'로 여겨지던 사람이었다. 아마 이 사람도 대기업 회장의 갑질에는 '을'의 입장에서 분노하지 않았을까?

그동안의 갑질이 권력과 사회구조의 불평등에서 오는 갑질이었다면, 이제는 누가 갑이고 누가 을인지도 불분명한 개개인 사이에서의 '일시적인 권력 구도'가 갑질의 원인이 되고 있다. 갑질을 그만하라고 세상을 향해 울분을 토해내던 을들이 이제 일상에서 '작은 갑'이 되어버린 모순적인 모양새다.

그런가 하면, '언제나 을'로 전락해버린 취약 노동자들도 있다.

지난해 고용주의 과도한 배달물량 배정과 근로계약서에 없는 배송센터 근무 요구, 총알 배송이라는 이름의 새벽 배달로 한 해 10여 명의 택배기사가 과로로 사망하는 일이 발생했다. 아파트단지 내 택배 차량의 주차를 금지하거나 배달 물건 외의 잔심부름을 시키는 고객의 갑질 사례도 심심치 않게 들려온다.

계속되는 갑질 사고에 참지 못한 배달종사자들은 스스로 자기를 지키기 위해 노동조합을 구성하며 단체행동에 나서기까지 했다. 도대체 어디서부터 잘못된 일들이 우리 사회에 갑질을 만연하게 했을까.

세상에는 영원한 갑도, 영원한 을도 없다. 우리 모두 어떤 때는 갑이 되고 어떤 때는 을이 된다. 그런데도 갑질 사고가 끊임없이 뉴스에 오르내리는 이유에는 '실종된 인권의식'이 자리를 차지하고 있다.

사람들은 아파트 경비원을 대하며 '내가 낸 돈으로 고용된 사람'이라는 생각을 한다. 내가 직접 채용한 노동자도 아니면서 일부 비용을 부담하고 있다는 것만으로 우월적 지위를 누리고 있다고 착각하곤 한다.

그러나 경비원 처지에서 보면 현실은 정반대가 된다. 법에도 없는 주차와 청소 등 갖은 노동력을 제공하며 그에 상응하는 정당한 급여는 주지 않는 입주민을 '악덕 고용주'라고 생각하기 쉽다.

이러한 서로의 간극을 메꿀 수 있는 것은 서로를 존중하고 배려하는 인권의식이다. 또한, 구조적으로 갑질이 발생하기 취약한 분야는 공공이 선제적으로 개입해 적극적으로 문제를 예방해야 한다.

국민은 더 다양해지고 더 복잡해지는 사회구조 속에서 누군가의 중재를 갈망하지만, 법과 제도는 늘 사건 중심적인 한계를 갖고 있다. '사람이 죽어야만' 움직이는 법과 제도는 '사람이 죽게끔 버려두지 않는' 기능을 잃은 지 오래다.

그렇다면 국가가 법과 제도를 정비할 때까지 우리는 기다리는 방법밖에 없는 것일까?

정답은 아닐지 몰라도, 해답은 자치단체에 있다. 자치단체는 비록 근본적인 문제를 해결할 권한이 없지만, 법과 제도가 정비될 때까지 문제를 봉합시킬 탄력적인 정책 운영이 가능하기 때문이다.

고양시에서는 아직 경비원과 택배종사자의 갑질 문제가 크게 불거진 적은 없다. 하지만 공동주택이 대다수를 차지하는 도시의 특성상, 언제 문제가 발생해도 이상할 것 없는 상황이다.

**먼저 전국에서 최초로 공동주택 경비원 인권 조례를 만들었다. 마음만 같아서는 갑질을 한 입주민, 관리사무소까지 연대책임을 묻고 처벌하는 규정을 넣고 싶었지만, 조례가 가진 한계로 인해 처벌 규정까지는 만들지 못했다.**

그렇지만 고양시가 경비원 인권문제를 위해 인권 교육부터 관리, 예산 지원까지 충분히 개입할 수 있는 규정을 명문화함으로써 더는 갑질 문제가 민과 민의 갈등으로만 방치되지 않도록 확고히 해두었다. 아직 법이 보장해주지 못하는 경비원의 권리를 조례로 보장하게 되었음은 물론이다.

또 하나는 배달종사자 안전 및 건강증진 조례다.

연일 배달원들의 안전사고와 갑질 피해가 발생했지만, 무엇이 개선되고 무엇이 해결되었다는 소식은 들리지 않았다. 국회와 정부가 배달 라이더 보호법을 만들겠다는 말은 있었지만, 시행되기까지 얼마나 많은 시간이 걸릴 것인가는 익숙히 예상할 수 있는 일이었다.

배달종사자의 안전을 확보하는 것이 가장 급선무였다. 고용주가 요구하는 물량과 고객의 빠른 배달 요청 사이에서 배달원의 안전은 늘 뒷전이었다.

헬멧과 보호대, 안전 조끼 등 1인당 최대 10만 원의 안전용품 구입비 지급을 시작했다. 아무리 바빠도 꼭 갖추고 착용해야 하는 필수 안전장비이기 때문이다.

또, 배달종사자 인권 보호를 위해 고양시와 사업자, 대행사의 역할과 책임을 명확히 규정했다. 현장의 목소리를 생생하게 듣기 위해 배달종사자 5인 이상을 포함하는 자문단 구성도 명문화했다.

뒤늦게 직원들에게 들은 이야기지만, 이와 같은 내용의 조례가 제정된 것이 전국에서 처음이었다.

시민의 목소리를 담지 못하는 법과 제도는 그 근본적인 기능을 잃어버린 것이다. 인류 최초의 성문법이라고 알려진 함무라비 법전은 지금 세상에는 지옥에서나 통용될 것 같은 무시무시한 법이다. 누군가의 소나 양을 훔치면 10배를 물어내야 하고, 그럴 능력이 없으면 죽음으로 갚게 하기 때문이다.

하지만 그 지독한 법이 왜 지금 우리에게 일말의 통쾌함을 느끼게 할까. 지금의 법이 반드시 지키고 보호해야 할 것을 다 챙겨주지 못하고 있다는 답답함 때문이 아닐까. 사람이 법을 위해 있는 것이 아니라, 법이 사람을 위해 있는 것이다. 특히 법은 아프고 힘없는 사람을 보호하기 위해 존재하는 것이다. 나는 그렇게 믿고 있다.

# 05

# 태어나 처음으로
# 월급 받았습니다

　　365일 일을 해도 월급을 한 푼도 받지 못하는 사업장이 있다. 장애인작업장 중 일부가 그런 시설이다. 특히 발달장애인의 경우 만든 상품이 제대로 된 규격에 맞을 리 없다. 그러나 직장으로 출근하고 퇴근하며 1년을 생활하는데 월급이 없다면 그분들의 자존감은 어떠할까 생각해본다. 한 달 일을 마치면 최소한 자신을 돌봐준 가족께 '오늘은 내가 밥 한 끼 쏠게'라는 말은 할 수 있어야 하지 않을까 물었다.

　규정을 만들기 시작했다. 최소한의 인건비를 주기 위한 설득에 나섰다. 비록 장애인일지라도 한 달간 일했다면 최소한의 월급을 주어야 한다. 그분이 만든 것은 교환가치는 없을지라도 노력과 시간이 잉태한 고귀한 선물이다. 노동 가치로, 노동의 존엄성으로 최소한의 보상이 주어져야 한다. 그분이 살아가면서 자신의 노력으로 번 돈이 한 푼도 없다는 사실을 알게 될 때 어떻게 할 것인가. 매일 출근해서 일했는데. **우리 사회는 인간의 존엄성을 말하면서 장애인작업장에 보내는 것을 맡기는 개념, 맡아주는 개념으로만 접근하는 것은 아닌지 물어봐야 한다. 아주 최소한의 급여라도 지원해야 한다. 결국, 규정이 만들어지고 복지지침에 의한 복지정책심의위원회 심사에 올려져 전국 최초로 장애인작업장 최소인건비 지원을 받아낼 수 있었다.**

결과가 아니라 행위의 순수함으로 존중받아야 할 일들이 있다. 경제성 잣대로만 평가하는 것을 넘어서야 인권은 살아난다. 경계를 허물 용기만이 함께 살아가는 새날의 희망을 만들어낸다.

# 제3장

# 돈 버는 시장

시장이 돈 번다고 하면 이상하게 들릴 것이다. 예산을 쓰는 것이 시장의
역할이기 때문이다. 그러나 관점을 달리하면 시장도 돈을 벌 수 있다. 불
필요한 공사 또는 사업을 없애거나, 시스템을 효율화함으로써 예산을 절
감하거나, 시민들의 것이었어야 할 정당한 재산과 비용을 환수하는 것
등이 그런 일이다.

## 01
# 시장이 돈 번다고?

시장이 돈을 번다고 하면 이상하게 들릴 것이다. 예산을 쓰는 것이 시장의 역할이기 때문이다.

그러나 관점을 달리하면 시장도 돈을 벌 수 있다. 불필요한 공사 또는 사업을 없애거나, 시스템을 효율화함으로써 예산을 절감하거나, 시민의 소유였어야 할 정당한 재산과 비용을 환수하는 것 등이 그런 일이다.

일례로, 도의원 시절 이뤄낸 '청소년 버스요금 할인'을 통해 경기도의 부모들은 연간 약 15만 원 정도를 벌 수 있었다.

당시 같은 수도권인 서울과 인천은 청소년 버스요금 할인율이 40%였는데, 경기도는 20%에 불과했다. 심지어 서울 버스와 경기 버스가 동일 노선을 통과하는데도 요금이 다른 까닭에 고양시 학생들은 가능한 한 요금이 싼 서울 버스를 이용했다.

불평등을 고치기 위해 경기도에 40%까지 할인할 것을 요구했지만, 요금 할인이 첨예한 사안이다 보니 쉽사리 성사되지 않았다. 정면 돌파로는 승산이 희박했다.

해답은 의외의 실마리에서 나왔다. 당시 경기 남부에서 버스전복 사고가 일어난 후 25년간 유명무실했던 버스운송사업법의 '입석 금지' 규정이 소환됐고, 결국 버스 입석 금지 조치가 단행됐다. 경기도는 입석 금지 조치로 줄어든 버스 수용인원을 확대하기 위해 약 166대의 광역버스 증차를 허용했고, 보조금 360억 원이 추가로 투입됐다.

그러나 입석 금지 조치는 잠시만 지켜지다가 어느새 다시 입석으로 환원됐다. 지켜지지 않을 법을 들이대며 땜질 처방에 급급한 결과, 경기도에 남은 것은 늘어난 166대 버스와 360억 원의 보조금 낭비였다.

이 기막힌 부실을 파고들었다. 원가자료와 운행기록을 분석해 도정질문에 나섰고, 도지사도 면담했다. "청소년 요금 할인은 안 되고, 졸속 버스 증차는 되는 이유가 뭡니까?"

결국, 버스운송업체와 도가 비용을 반반 정도 부담하기로 하고 청소년 요금을 30%까지 할인하기로 했다. 공직자의 요구로 버스업체가 할인요금 일부를 부담한 것은 유례없는 일이었다.

시장이 된 후, 떠밀리듯이 도입할 뻔했던 '최첨단 누수방지 자동 시스템'을 채택하지 않음으로써 많은 돈을 절약할 수 있었다.

지자체들은 최첨단 장비를 너도나도 경쟁적으로 도입한다. 첨단이라고 하면 시장이나 간부들도 그저 좋은 장비이겠거니 생각하고 결재하는 경우가 많다. 무언가 선진적으로 단행해야만 그럴듯한 정책, 잘한 정책으로 평가받는다.

최첨단 누수방지 자동 시스템은 상수도관 일정 구간마다 자동인식 밸브를 달아 통과하는 수량을 측정함으로써 누수를 자동으로 감지할 수 있는 장치다. 그런데 내유동 한 곳에 설치하는 데 공사비가 약 200억 원이나 소요된다고 했다. 고양시 39개 동 모두 설치하면 천문학적인 비용이 들어가는 것이다.

　**고양시가 상수도관에서 새어나가는 수돗물로 인해 수천억 원 비용을 낭비하고 있고, 이 장비가 누수 비용을 절감해 주는 효과가 있다면 빚을 내어서라도 설치할 것이다. 그러나 우리 시의 누수가 그만큼 심각한지, 그리고 이렇게 큰돈을 들여야 할 일인지 의문이 들었다. 비용과 현황을 차근차근 뜯어봤다.**

　그리고 되물었다. "매년 한 개 동씩 설치한다고 해도 그때마다 200억 원이 들어갑니다. 그런데 경기도 전체를 합해도 누수로 낭비되는 비용이 연간 430억 원(2012년 기준)쯤 됩니다. 경기도가 31개 시·군이니 인구나 면적으로 나누면 고양시의 누수 비용은 30~40여억 원에 불과하겠죠. 과연 이 장비를 설치하는 게 이익인가요?"

　담당 부서는 아무 말도 하지 못했다.

　"그리고 상수도관 수명이 20~30년 정도 되는데, 이 상수도관들이 녹슬고 나면 누수방지장치도 무용지물이 됩니다. 그때 또 장치를 설치해야 하나요?"

　이렇게 해서 최첨단 누수방지 시스템은 채택되지 않았고, 매년 200억 원의 예산을 절감해 더 시급한 사업에 쓸 수 있게 됐다.

# 02

# 제2자유로는 고양시 땅

1990년대 초반, 1기 신도시 일산의 탄생과 함께 도로 등 기반시설이 함께 구축됐다. 개발이익으로 만든 기반시설이니 당연히 소유권도 고양시로 넘어오는 것이 맞다. 그런데도 불구하고, 정부나 LH가 설치한 시설은 준공 후 소유권을 넘겨주지 않는 경우가 비일비재했다.

그중 하나가 제2자유로였다. 경기도 파주에서 고양을 지나 서울 경계까지 향하는 제2자유로는 90% 이상 구간이 고양시를 통과하는 사실상 고양시의 도로다.

그러나 제2자유로는 고양 주민이 아니라 파주 주민을 위한 구조로 설계돼 있었다. 고양 주민이 진·출입할 수 있는 나들목이 충분히 설치되지 않았고, 나들목 대부분이 광역도로가 아닌 동네 안길 같은 지선도로와 연결돼 이용하기 상당히 불편했다.

도의원 시절, 덕양구 주민이 가장 많이 이용하는 행주대교에서 제

유휴 부지를 활용한 태양광 패널 설치

2자유로로 바로 연결될 수 있도록 나들목을 설치해달라고 경기도에 요구했다. 그러나 경기도의 답변에 나는 당혹스러웠다. 고양시가 공사비를 부담하면 가능하다는 것이다. 그런 경우가 어디 있느냐고 항변하니, 준공 후 제2자유로의 소유권이 고양시로 넘어갔기 때문이라고 해명했다. 그래서 제2자유로는 당연히 고양시 소유일 것이라고 철석같이 믿고 있었고, 이후 얼마간 나들목 문제는 뇌리에서 잊혔다.

시장이 된 후 고양시가 소유한 빈 땅이나 유휴 부지를 활용해 태양광 패널을 설치하는 사업을 한창 진행 중이었는데, 마침 제2자유로 법면(도로 옆 경사진 비탈면)과 부속 토지가 눈에 띄었다. 적당한 장소라 판단되어 담당 부서에 검토를 지시했다.

그런데 그중 부속 토지가 경기도 땅이라서 사용허가를 받아야 한다는 답변이 왔다. "아니, 그게 경기도 땅이라고요?" 하며 넘어가려는 찰나, 주위에서 무언가 오류가 있는 것 같다는 제보를 받았다. 잠시 잊고 있었던 제2자유로 나들목 사건이 머릿속에 오버랩됐다. 분명 제2자유로 소유권은 고양시에 있는데, 이 잔여 부지는 왜 경기도 소유일까, 의문이 들었다. 무슨 일인지 구체적으로 파악하도록 지시했다.

제2자유로는 1기 신도시 개발 이후 포화상태가 된 자유로의 교통량을 분산하기 위해 신도시 개발이익으로 건설한 도로다. 고양시는 경기도시공사에 약 1조5천억 원에 달하는 개발이익금을 주어 도로공사를 맡겼다.

그런데 2012년 준공 후 경기도는 고양시에 도로라는 '시설물'과 법면 소유권만 넘겨주었고, 도로 하부의 땅과 그 바깥에 있는 부속 토지는 명확한 법적 근거도 없이 자신들의 소유로 두고 영농인 등에게 임대하고 있었다.

자기 소유의 땅에 집을 짓기 위해 건축업체에 돈을 주고 의뢰했더니, 건축업체가 집만 주고 땅의 소유권과 남은 공터는 자기 것이라며 가져가버린 꼴이었다.

이로 인해 제2자유로 유지 관리, 시설 보수 등의 책임은 고양시가 전적으로 떠안고, 이득은 경기도가 얻는 황당한 상황이 10여 년간 벌어졌다. 이 부속 토지를 고양시가 다른 용도로 쓰려고 할 경우엔 경기도로부터 매입해야 하는 어처구니없는 일이 벌어질 수도 있다.

더욱 놀라운 것은 10년 동안 제2자유로가 누구 소유인지, 비용은 누가 부담하는 것이 맞는지 아무도 문제를 제기하지 않았다는 것이다.

상·하급기관 여하를 떠나 경기도는 대행사업자의 지위였음에도 마치 자신들이 사업비를 투자한 것처럼 사업을 진행했고, 고양시 역시 고양시 예산이 아닌 개발이익금으로 건설한 것이라 크게 신경 쓰지 않았던 듯싶었다.

그사이 소중한 고양시 재산은 경기도 재산으로 탈바꿈되었고, 그 피해는 시민들에게 돌아갔다. 시민들이 누렸어야 할 공간은 경기도가 가져간 상당의 땅만큼 좁아졌다.

이 문제를 본격적으로 다뤄보기로 했다. 자료를 조사하고 논리를 개발했다. **제2자유로 땅의 소유권을 고양시로 이전해 불합리함을 경기도에 공식으로 요청했다.**

그러나 경기도 소유라서 돌려줄 수 없다는 답변이 왔다. 도로법에 고양시가 이 땅을 돌려받을 수 있는 규정이 이미 있었고, 국토교통부에 질의해 "상급관청이 공사를 대행하는 경우, 공사가 완료된 경우에는 해당 도로를 도로관리청(고양시)에 이관하는 것이 맞다"는 유권해석까지 받아내 이를 경기도에 들이밀었지만, 경기도의 입장은 변하지 않았다.

이미 등기 정리된 소유권을 넘겨받는 일은 쉽지 않다. 민간 영역에서도 힘든데 공공 영역은 더더욱 어렵다. 더군다나 상급기관에 소유권 이전을 요구하는 일은 있을 수 없는 일이었으며, 오랜 시간이 지난 후에 권리를 되찾겠다고 나서는 일은 전례가 없었다.

이 부당함을 여러 경로로 호소하고 선의의 조치를 요구했지만, 서로의 입장 차이는 좁혀지지 않았다. 합의 중재 시도도 있었으나 조정이 성립되지 않아 부득이 행정소송까지 이르게 됐다. 아직 소송은 진행 중이지만 언젠가 다시 고양시의 땅으로 돌아올 것이라 믿는다.

**내가 이 사안에 집중했던 이유는, 아직도 제2자유로 외에 돌려받아야 할 고양시의 재산이 많이 남아 있기 때문이다. 특히 제2자유로 문제는 훗날 1기 신도시 영구임대아파트 등 또 다른 기반시설의 소유권을 환수하기 위한 논의의 첫 출발점이었다.**

영구임대아파트는 LH(당시에는 토지공사 및 주택공사)가 1기 신도시 건설 후 그 이득금으로 사회에 환원한 것으로, 당연히 그 소유권도 고양시로 귀속되어야 한다.

그런데 지난 30여 년동안 LH는 이 영구임대아파트를 소유해 임대료를 얻어갔고, 거주자를 위한 공동주택 보조금은 고양시가 지원해 온 상태다. 또 다른 '제2자유로'가 될 수도 있는 시설물이었다.

언젠가 국토부장관과 LH 사장이 함께한 사석에서 농담 반 진담 반으로 요청한 적이 있다.

"1기 신도시 영구임대아파트는 고양시에 돌려주어야 합니다."

덧붙여 반 선전포고를 해 놓았다.

"아파트가 너무 낡아 헐고 다시 지을 때 누가 책임질 것입니까. 이제 기초단체에 넘겨 차례로 구조도 개선하고 시설도 보강해 오래 사용토록 고양시가 책임질 테니 돌려주십시오."

나의 의지나 진심이 얼마나 전해졌을지는 모르겠다. 그러나 이 문제도 차근차근 준비하여 해결해 나갈 일이다.

"개발이익으로 건설된 시설들의 소유권은 당연히 기초단체 소유가 되어야 하는 거 아닙니까?"

2018년에 던진 근본적인 질문은 앞으로 모든 신도시 문제를 풀어나갈 화두가 될 것이다.

# 03

# 30년 만의 귀환, 일산하수종말처리장

　　자유로를 달리며 창문 너머로 보이는 탁 트인 한강 하구는 큰 즐거움을 선사한다. 고개를 들지 않아도 멀리 푸른 물이 보인다. 우리나라의 강은 대체로 둑이 높고 수면이 얕아 고개를 숙여야 보이지만, 고양시 구간 하류는 그럴 필요가 없다.

　들뜬 마음으로 자유로를 달리다 보면 '일산수질복원센터'라는 간판을 단 건물이 나온다. 옆의 작은 동산, 한적한 자연 풍경과는 썩 어울리지 않는 이질적인 건물이다.

　이 작은 동산의 이름은 먹절산으로, 삼국시대 토성이 있던 유적지여서 현재 문화재보호구역으로 지정돼 있다. 얼핏 보면 야트막하지만 가까이서 보면 아찔한 낭떠러지로 과거 한강 초입을 지키는 요충지였음이 실감이 나는 산이다. 산자락을 중심으로 피난민이 옹기종기 모여 마을을 이루고 살다가 지금은 창고와 공장이 빼곡하게 들어서며 풍경이 많이 바뀌었다.

일산 수질복원센터 일대

　일대는 한강으로 나가기를 기다리는 대화천과 저류지가 만나 항상 푸른 물결이 출렁이는 호반도시 같은 형태를 지니고 있다. 즐비한 창고와 공장을 빼면 목가적인 풍경도 그려볼 만한 위치 좋은 마을이다.

　1990년대 초반, 일산 신도시를 건설하면서 국토부는 이곳에 일산 신도시 일대에서 발생하는 하수를 처리하는 일산수질복원센터를 만들었다. 단순히 외진 지역이라서, 민원이 적어서만은 아니다. 한강과 접하고, 그것도 하천 하류에 있으니 타당성 면에서도 최적지였다.

　그런데 일산수질복원센터 부지 역시 제2자유로처럼 고양시로 소유권이 돌아오지 못하고 정부 소유로 남아 있는 상태였다.

　단순히 소유권의 문제만은 아니었다. 냄새가 난다는 민원에 시설을 개선할 때마다 국토부를 찾아 협조를 구해야 했다. 주변 경관이 좋고 탁 트여 있어 부지 일부를 시민을 위한 인조잔디 구장으로 개방 활용하려 했지만, 그 전에 국토부를 설득하는 작업을 거쳐야 했다. 우리의 땅을 우리 마음대로 쓸 수 없는 답답한 상황이었다.

무려 30년 동안 누구도 손대지 않았던 이 땅을 환수하기 위해 자료 검토를 하고 2021년 6월 TF팀이 꾸려졌다.

고양시의 개발 이익금으로 만들었으니 부대시설인 하수처리장도 고양시에 귀속되어야 한다는 논리는 너무도 당연했다. 하지만 너무나 당연해 사람들은 오히려 귀 기울이지 않았다. 그래서 우리는 절대 반박할 수 없는 객관적 근거자료로 무장하기로 했다. 사막에서 바늘 찾기와 같은 자료 탐색이 시작됐다.

먼지가 켜켜이 쌓인 서고를 뒤져 30년 전 일산수질복원센터 관련 문건, 그리고 이 하수처리장이 신도시 개발이익으로 주민을 위해 설치한 기반시설이라는 것을 증빙할 수 있는 서류를 찾아냈다. 부족한 자료는 국가기록원을 찾아 확보하고, LH에서 1기 신도시 준공서류도 받아냈다. 유사한 사례와 판례도 검토했다.

'일산수질복원센터 부지는 고양시 땅'이라는 한 문장을 증명하는 이 자료들을 갑옷 삼아 국토부를 설득하고, 밤낮을 씨름했다. 그 결과 약 3만 5천 평, 약 1,500억 원 상당의 땅이 마침내 고양시로 돌아왔다.

우리의 땅이었음에도 우리의 땅이라고 말하지 못해 오랜 불편을 감수했던 30년의 수고로움이 주마등처럼 지나고 역사의 기록으로 남겨지는 순간이었다.

오랫동안 굳어진 관점을 바꾸는 데는 또다시 오랜 시간이 걸렸다. 그런데도 불구하고 이번 수질복원센터 부지 환수는 공유재산 관리의 패러다임을 전환하는 쾌거이며 보석 같은 성과였다.

가끔 누군가는 다른 방향에서 바라보아야 한다. 그러나 한 사람이 볼 수 있는 최대 시각은 270도 정도며 나머지 90도는 누군가의 힘을 빌려야 한다. 이것이 학습이고 집단지성의 힘이다.

# 04

# 뉴타운 사업지구 내
# 시유지 찾아내기

2007~2008년부터 뉴타운 사업 광풍이 불었다. 건설 경기를 부양하기 위해 넓은 지역을 전면 철거하고 아파트를 신축하는 뉴타운 지구가 전국에 우후죽순으로 지정됐다.

그러나 방민한 지구 신정과 경기 침체로 뉴타운 사업구역 대부분이 삽도 뜨지 못한 채 해제 절차를 밟았다. 거대한 부동산 개발 욕망에 분별없이 조응했던 뉴타운 정책은 그동안의 투자 비용으로 인해 해제에도 막대한 혈세가 투입됐다.

2012년, 김문수 경기도지사의 뉴타운 사업 실패 선언 이후 경기도역시 뉴타운 해제와 그에 따른 매몰비용 지원 정책으로 방향을 선회했다. 의정부시, 부천시, 구리시 등 경기도 대부분의 시가 뉴타운 사업을 해제하고 조합비 등 불필요한 추가 지출을 막았다.

그러나 고양시는 해제할 타이밍조차 놓쳤다. 사업이 장기간 표류하다 보니 시점 차이로 인해 종전자산 평가를 두고 갈등도 대두됐다. 그러다가 2019년 무렵부터 아파트 값이 오름 추세를 타자 지난 실패들이 리셋이라도 된 양 뉴타운 사업이 다시 고개를 들었다. 마음이 답답해져왔다.

뉴타운 사업에 대한 나의 의견을 물을 때, 그 대답은 한결같았다. "10년 만에 한 번씩만 맞는 뉴타운 정책이 어떻게 장기적이고 영속적인 도시계획의 해답이 될 수 있습니까?"

부동산 경기에 그 운명을 전적으로 의존하는 뉴타운은 아주 가끔만 맞는 고장 난 시계 같은 답이다. 그뿐 아니라 20년 된 건축물을 헐고 다시 짓는 것이 과연 경제적인 개발계획인지에 대한 의문도 따랐다.

모든 건축물은 사람처럼 탄생과 죽음을 반복한다. 사람처럼 고유한 색채와 존재론적 의미도 지니고 있다. 건물도 언젠가는 헐고 다시 지어야 하겠지만, 최소한 30~40년은 사용해야 한다.

그러나 우리의 조급증은 이 시간을 기다리지 않는다. 특히 20년 밖에 되지 않은 저층 주거지를 철거하고 50층의 고밀도 복합건물을 새로 짓는 것은 자연스러운 생성과 소멸이 아닌, 개발 이익의 극대화를 위한 행위로밖에 볼 수 없다.

현세대는 '지금 우리의 이익'이 중요하다는 정치·경제 논리를 업고 다음 세대와의 자원 분배 싸움에서 언제나 승리해왔다. 그래서 우리 사회가 내린 정치적 결론은 늘 모순으로 가득 차 있다.

"저층 주거지가 50층 고층으로 다 재건축되고 나면 수십 년 후 재건축은 어떻게 하고, 또 그 비용은 누가 낼 것입니까? 지금부터 속도를 조절하고 건물을 최대한 오래 사용하는 것이 경제적으로 이익 아닙니까."

늘 그렇게 영속적인 도시계획을 외쳐왔지만, 허공을 맴돌다가 메아리로 사라지는 철학가의 몽상일 뿐이었다. 우리 사회는 이미 답을 정해놓고 있다.

뉴타운 사업은 차마 붙잡을 새도 없이 너무 먼 욕망의 길을 달렸다. 오래된 주택단지를 싹쓸이로 철거하고 땅의 용도를 변경해 개발을 지원하는 것이 뉴타운 사업이다. 그런데 노후주택의 재건축이 아니라, 뉴타운 사업 그 자체를 위한 사업이 되어가고 있었다.

사업성이 낮거나 노후도가 낮으면 사업을 하지 않는 것이 이치에 맞다. 그러나 뉴타운 사업을 강행하기 위해 역으로 이 사업성과 노후도를 억지로 끼워 맞추는 일이 벌어지고 있었다.

고양시 뉴타운 사업지로 지정된 '원당 4구역'은 1,200세대가 넘는 주택 건설이 예정돼 있었다. 그런데 사업성이 부족하다는 이유로 복지관, 교육관 등이 자리 잡은 약 230억 원 상당의 시 소유 토지가 근거 없이 부당하게 개발지역에 편입되어 있었다.

"도대체 무슨 일입니까? 사업성이 부족하면 하지 말아야지, 시 재산을 보태주고 사업성을 보전해주는 것이 말이 됩니까?"

**잘못된 단추를 다시 바로 끼우기로 했다. 사업자 수익 보전을 위해 활용됐던 고양시의 땅을 다시 찾아왔고, 조합에 무상으로 넘겨주기로 되어 있던 행주동 행정복지센터 부지 역시 유상매각하는 것으로 전환했다. 또 평가 시점이 2년 이상 지난 것은 종전자산 평가금액을 인정하지 않고 공유재산 및 물품관리법을 적용하여 현재 시가**

**가 반영되도록 조치했다.**

노후도 조작 문제로 주민 간 극심한 갈등에 휩싸였던 능곡 1구역은 대법원에서 결국 노후도 조작이 밝혀져 취소 판결을 받았다. 판결은 받았지만, 수년의 소송 기간이 지난 나머지 다시 노후도를 조사해 사업 승인을 검토해야 하는 상황이었는데, 이를 노후도가 충족된 것으로 꿰맞춰 다음날 바로 조합 승인을 내버린 상황이었다.

능곡 1구역 역시 바로잡기로 했다. 뉴타운 사업자가 부담해야 할 연계도로 확충 사업비 86억 원 중 삼성당 지하차도까지 사업 구간의 비용 50억여 원도 부담하도록 했다.

뉴타운 사업 시 필수로 조성해야 하는 임대주택 문제도 보완했다. 미분양, 사업 부진 등을 이유로 전국 기초지자체가 앞 다퉈 조건을 완화해주었고, 2015년경 임대주택 비율을 17%에서 9%로 낮춰주었다.

그런데 분양이 원활한 2020년대에도 이 원칙이 고수되고 있고, 다시 원래 비율인 17%로 환원되지 못하고 있다. 이를 보완하기 위하여 12%로 중재안을 만들어 임대주택을 3% 더 확보하기로 했다. 무려 3년이란 시간이 걸렸다.

합리적 결정은 늘 답답함을 준다. 그만큼의 결론을 도출하기까지 많은 토론과 시간이 필요하기 때문이다. 그러나 그 이상의 가치가 존재하기에 우리는 늘 가장 최선의 결정을 향해 천천히, 신중하게 나아가야 한다.

# 05

# 국·공유지와 시유지 간 임대료 불균형, "이의 있습니다"

우리 사회에는 '호혜 평등의 원칙'이 있다. 뭔가를 주고받을 때는 서로 공평해야 한다는 뜻이다. 말하지 않아도 사회구성원 모두에게 깊게 뿌리내린 상식이며, 사회계약 전반에 반영되는 원칙이다.

그런데 국·공유지 임대에 있어서만큼은 이런 사회 통념이 적용되지 않는다. 정부나 도는 지자체의 땅(시유지)을 얼마든지 무상으로 사용할 수 있지만, 시는 정부나 도의 땅(국·공유지)을 사용하려면 돈을 내야 하기 때문이다.

지방재정법에는 "상급기관은 하급기관에 재정부담 행위를 요구할 수 없다"고 되어 있지만, 유독 국·공유지 임대만큼은 이러한 불평등이 당연하게 받아들여지고 있다.

정부가 고양시에서 무상으로 사용하는 토지만 해도 축구장 두 개 규모에 이른다. 단지 고양시만의 사례는 아니었다. 전국적으로 수많은 지자체의 토지를 정부와 도에서 한 푼의 대가 없이 무상사용하고 있다.

그러나 정부가 하는 일이니 다들 그러려니, 했다. 많은 지자체가 지방분권을 외치면서 정작 실질적인 권리와 재산을 찾아오는 일에서는 남의 일처럼 방관하는 현실이 답답했다.

고양시가 이 부당함에 반기를 먼저 들었다. 그리고 싸움이 시작되었다. 그 대상은 군부대가 무상으로 사용하던 시유지였다.

**고양시 공유재산을 전면 조사하는 과정에서, 국방부가 고양시 땅을 무려 50년간 무상으로 사용해온 것을 발견했다. 고양시 입장에서는 1년에 3억6천만 원 가량의 임대료를 받지 못하고 있었다. 고양시가 정부 소유 토지를 주차장으로 사용하면서 1년에 1억 원이 넘는 임차료를 내는 것과 대조적이었다.**

군 관계자와 접촉했다. 오랫동안 무상으로 사용한 땅에 갑작스레 고양시가 문제를 제기하자 군부대에서도 당혹스러워했다. 당연한 일이었다. 그렇다고 안보상 꼭 필요한 군사시설을 철거하거나 이전할 수는 없는 노릇이다. 고양시에서도 이대로 갖고 있어봤자 재산권 행사조차 하지 못하는 불필요한 땅이었다.

그래서 우리는 군부대에 이 땅을 사든지, 아니면 다른 부지와 맞바꾸자고 대안을 제시했다. 결국, 협상이 타결되어 군부대에서 이 땅을 96억 원에 사기로 했다. 군부대가 무단 점유한 부지를 지자체에서 '이 땅 사라, 안 살 거면 내놓으라'고 제안하여 결국 군부대가 땅을 사들인 것은 전국 어디에서도 전례 없는 일이었다.

여기에 그치지 않았다. 국가나 경기도가 무상으로 사용하고 있는 시유지에 임대료를 부과하자는 제도 개선안을 정부에 건의했다. 이와 별도로 정부와 경기도에 앞으로 고양시 땅을 사용할 경우 임대료를 부과하겠다는 방침을 통보했다.

이는 단순히 임대료 수입 몇 푼이 욕심나서가 아니었다. 고양시에서 정부나 도에 내온 임차료를 내지 않겠다는 뜻도 아니었다. 서로의 땅을 사용하는 데 있어 호혜 평등의 원칙만큼은 지키자는 강력한 요구이자 의지의 표명이었다.


모든 판단에 있어 '관점'은 겉으로 드러나지는 않지만, 매우 중요한 판단 기준이다. 그러나 이 관점이라는 렌즈에 불순물이 묻어 흐려졌을 때, 혹은 한쪽만을 비추고 있을 때는 큰 문제가 된다.

공직사회에서 법은 모든 판단의 가장 중요한 기준이자 관점이다. 오늘날 법은 복잡하고 다양해졌다. 우리는 이미 정해진 법안이나 법원의 판결에 대해 더는 질문하지 않는다. 근본 이념과 원리 속에 합리적이고 효율적으로 설계된 최고의 지침서임을 한 치도 의심하지 않기 때문이다. 그것이 좋은 것인지, 공정한, 정당한, 올바른 것인지 혹은 더 나은 사회, 더 나은 세상을 만드는 데 보탬이 되는지 묻는 법이 없다.

인류 최초의 법전인 함무라비 법전이 오늘날 우리에게 차라리 더 공감을 얻고 있는 이유다. '눈에는 눈, 이에는 이'라는 호혜 평등의 원칙이 명료하게 드러나 있기 때문이다.

행간을 읽으면 답이 나온다. 쉽사리 정답을 찾지는 못했지만, 과거에 우리는 이러한 정치적 질문을 던지곤 했다. 우리는 다시 한 번 이러한 질문을 던지는 법을 배워야 한다. 아무리 오랜 법과 관행도 이치에 부합하지 않는다면 바꾸는 것이 행정의 역할이다. 이때 필요한 사람이 적극적 실천가이며, 책임 있는 리더다.

고양시의 '딴지 놓기'는 정부나 도에 불쾌하게 여겨질 수 있고, 당장 손해를 볼 수도 있다. 그러나 사필귀정이다. 이렇게 근본적인 질문이 쌓이다 보면 불합리한 제도들도 언젠가는 옳은 방향으로 회귀할 것이다.

# 06

# S2부지,
# 그렇게는 못 팔겠습니다

"그렇게는 못 팔겠습니다."

호텔 부지란 말만 나와도 쭈뼛 머리칼이 곤두선다. 망쳐도 너무 심하게 망쳐놓았다. 적어도 킨텍스와 바로 인접한 포스코 더샵 오피스텔, 자동차전시관, 대방디엠시티 아파트 정도는 호텔 부지로 놔두었어야 하는 게 아닌가, 하는 생각이 들었다.

이들 부지는 멀리서 킨텍스 국제전시장 외관이 보일 수 있도록 저층으로 지어야 하는 최소한의 경관 라인이기 때문이다.

킨텍스 주변 호텔 부지는 사업성 부족을 이유로 여지없이 주상복합아파트로 변신했고, 정치권은 '분양형 호텔'이라는 용어로 이 용도변경의 근거를 마련해주었다. 그러나 인근에 분양형 호텔이라며 지은 대방디엠시티 별동은 로비라 할 만한 시설도 없다. 분양아파트와 다를 게 없다.

분양형 호텔은 전국적으로 통용되고 있는 '편법 주택개발' 기법이

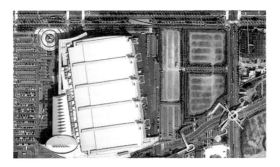

호텔 건립이 예정됐던 킨텍스 S2부지

다. 정부와 정치권이 탐욕을 외면하는 동안 건설업자들의 편법은 곳곳에서 자행되어왔다. 이런 편법을 억제하기 위해 호텔 내 주소 이전 금지, 임대료 등 매출 부가세 부과, 재산세 과세표준 현실화 등의 조치를 했고, 앞으로 건축되는 호텔에는 반드시 호텔형 로비를 설치하도록 했다.

호텔 부지인 S2부지도 킨텍스와 바로 인접한 라인에 있었다. 2014년 한 업체와 매각 계약을 체결하고 호텔을 짓기로 했다. 당시 계약 조건은 1년 내 2천만 달러 이상의 외국인 투자를 받아 공사를 시작하고, 3년 내 호텔을 완공해야 한다는 것이었다.

그러나 업체는 호텔 건축을 차일피일 미뤘다. 2018년 S2부지 매매 계약 만료일이 한달 앞으로 다가왔지만 이렇다 할 진척도 없고 별도 보고도 없었다.

며칠 후, 업체에 계약 기간을 연장해주자는 건의 보고가 올라왔다. 보고를 받고 화가 치밀었다.

"애초 약속한 외국인 투자금을 한 푼도 유치하지 못했고, 착공도 하지 못했습니다. 약속이 하나도 지켜지지 않았는데 어떻게 이런 회사에 계약을 연장해주자는 겁니까?"

게다가 현재 시점에서 부지 평가금액이 450억 원에 달하는데, 해당 업체는 조성원가인 약 150억 원에 부지를 매입했다. 계약 위반으로 해지할 경우, 다른 업체에 450억 원에 팔 수 있는 땅이다.

이렇게 준열하게 다그치자, 계약만료 5일을 남겨두고 해당 업체로부터 1천만 달러 L/C(신용장(letter of credit) : 은행이 기업에 1천만 달러 지급을 보증함)를 개설했다는 문서가 도착했다. 그러나 L/C는 투자금이 아니라 투자금을 나중에 지급하겠다는 의향서에 불과하다. 이마저도 약속한 2천만 달러 중 절반의 금액이었다. 계약 기간 4년 동안 단 한 푼도 지급하지 않다가 계약만료 5일을 남겨두고 금액의 절반만을 지급하겠다는 '의향'만 보내온 것이다.

고민에 휩싸였다. 원칙대로 계약을 취소할 경우 분명 긴 소송에 휘말릴 것이고, 호텔 건립 사업이 장기간 표류할 수도 있다.

이미 고양시에는 이와 비슷한 뼈아픈 기억이 있었다. 10년 동안 표류한 한류월드 사업이다. 프라임개발은 2006년 한류월드 부지에 테마파크 등을 짓기로 하고 야심 차게 부지를 매입했지만, 결국 회사가 워크아웃에 빠지면서 사업을 포기하기에 이르렀다.

한 가지가 달랐다. 프라임개발은 자신이 땅을 매입하고도 개발하지 못한 것이고, S2 부지는 외국인 투자를 유치하겠다고 싼값에 매각한 토지로 투자가 이뤄지지 않으면 취소하고 감정가격에 다시 재입찰 매각해야 하는 토지였다.

**시간이 걸리더라도 잘못된 것을 바로잡고 싶었다. 이곳은 마이스 (MICE)산업에 필수인 호텔이 들어와야 하며, 킨텍스와 상생하여 더 큰 이익을 낼 부지로 활용되어야 마땅하다. 아파트 단지로 변한 호텔 부지 속에서, 해외에서 킨텍스를 찾아온 바이어 80% 이상이 묵을 곳이 없어 서울에서 잠을 자는 현실에서 이 당연한 결정이 한 뼘의 땅이라도 더 미래 공간을 늘릴 수 있다면 그것만으로 족하다.**

결국, S2부지에 대한 업체와의 매매계약 해지를 결정했다. 나는 담담했지만, 오히려 주위 사람들이 나를 걱정했다. 이해가 되지 않았다. 너무나 당연한 결정을 내리는 것을 마음 졸이고, 걱정해야 하는 현실 그 자체가 불편했다.

예상대로 업체는 소송을 제기해왔고, 다시 계약 기간만큼 긴 싸움을 진행하게 됐다. 1심, 2심을 연이어 승소했고, 그새 해당 부지의 추산 가치는 매각대금의 4배가 넘는 700억 원으로 뛰었다. 또 킨텍스 제3전시장 건립이 확정됐고, 그 주변에는 연 2천만 명이 찾아오는 CJ라이브시티, 일산테크노밸리, 방송영상밸리를 연이어 착공하며 우리가 그려낸 경제지도가 급물살을 탔다.

그 사이 킨텍스와도 물밑 접촉을 꾸준히 진행했다. 더는 용도 변경, 착공 지연 등으로 얼룩진 민간 매각 시도를 접고 최종 승소 후 킨텍스가 호텔을 직접 짓는 방안을 검토 중이다. 성사된다면 인근

소노캄 호텔, 케이트리 호텔과 함께 고양시의 미래를 뒷받침할 세 번째 호텔이 될 것이다.

적극적 행동가만이 세상의 변화를 만들고 그 희열을 맛볼 권리를 가진다. 그 길을 숙명적으로 걷고 있는 사람들이 있어 세상은 아름답다.

PART 02
찾아오다

# 제4장

# 단 한 번도
# 양보하지 않은 땅

땅을 파는 것은 어렵지만, '땅을 팔지 않는 것'도 상당한 결단력과 어려움
이 따르는 일이었다. 아무리 시장이라도 한 사람이 결정 내리기에는 쉽
지 않은 문제였다. 그러나 매각 중단은 최선의 결정이었다. 그 결정을 누
군가 해야 한다면 내가 모두 떠안고 가자는 생각이었다.

# 빈 땅의 정체

조례는 지방이 만들어낼 수 있는 유일한 법이다. 경기도의원 시절, 친한 동료들은 내게 "밥 먹듯이 조례를 쓴다"고들 했다. 8년 동안 제출한 조례를 합하면 120여 건으로, 경기도의회 사상 최다 기록이다.

고양시장 취임 후 내 손으로 맨 처음 쓴 조례, 그리고 통과하기까지 가장 큰 진통을 겪은 조례가 '미래용지 지정에 관한 조례'다.

'미래용지'라는 용어는 이 조례를 통해 최초로 탄생했다. 사람들은 이 생소한 단어에서 호기심은 물론 막연한 설렘까지 느끼고는 했다. 무언가 대단한 시설이 세워져 있거나, 거창한 청사진이라도 품고 있는 땅 같기 때문이다.

그러나 기대와는 달리, 미래용지의 실체가 풀과 돌멩이 외에 아무것도 없는 빈 땅인 것을 알고 나면 이들은 실망을 넘어 의아한 눈으로 나를 바라보고는 했다.

고양시 1호 미래용지는 일산 신도시의 심장부에 자리 잡은 축구장 8개 규모의 땅이다. 아무리 부동산에 문외한인 사람이라도 미래용지를 보면 상당히 값진 땅임을 직감할 수 있다. 좌측으로는 국내 최대 규모의 킨텍스 국제전시장이, 우측으로는 고양시의 랜드마크 일산 호수공원이 양 날개처럼 펼쳐지고, 2024년이면 강남까지 20분에 주파하는 GTX-A(광역고속철도) 역사도 지척에 들어선다. 실제로 이 땅은 '일산의 마지막 남은 황금부지'라 불리는데, 인근 아파트는 고양시에서 거의 최고가를 호가한다.

상상 속 그리던 미래 첨단도시 같은 배경 속에서 외딴 섬처럼 초라하고 이질적인 미래용지를 보며 사람들은 온갖 상상의 나래를 편친다. 소유주가 막대한 보상금이라도 요구하며 버티고 있는 것일까. 혹은 대기업 사옥이나 방송국이라도 들어오기로 한 것일까.

그러나 이 땅은 20여 년 동안 빈 채로 남아 있었고, 2019년 미래용지로 지정해 향후 30년 동안 매각과 개발을 원칙적으로 금지했다.

의아한 눈빛은 여기서 시작된다. 이 금싸라기 땅을 그렇게 오래 비워두는 것은 국가적 손실이라는 것이다.

"아니, 이런 좋은 땅에 뭐라도 해야 하는 것 아닌가요? 기업을 유치하든지, 아니면 아파트라도 지어야죠."

**아이러니하게도 이 땅은 너무 좋은 땅이기에 비워둘 수밖에 없는 땅이 되었다. 미래용지 조례는 단지 5만5천m² 규모 땅을 팔지 못하도록 규정한 조례가 아니라, 베드타운 고양시의 미래를 위한 엄중한 선언이며 다음 세대를 위한 항변이었다.**

# 02

# 마지막 남은 황금부지, C4

미래용지의 원래 이름은 'C4부지'다. 2005년 문을 연 '킨텍스'(한국국제전시장)의 성공을 위해 탄생한 땅이다.

1999년, 10여 년에 걸친 시민들의 간절한 염원과 투쟁 끝에 고양시는 치열한 경쟁을 뚫고 가까스로 킨텍스 유치에 성공했다. 우리나라 국제전시장이 서울 코엑스, 부산 벡스코, 대구 엑스코, 광주 김대중컨벤션센터 등 모두 광역급에 위치한 것을 볼 때, 기초자치단체인 고양시가 국제전시장이라는 선물을 받게 된 것은 상당히 이례적이고 기적 같은 일이다. 게다가 서울 코엑스보다도 1.5배 큰 국내 최대 규모에, 인천공항과 40분 거리라는 최적의 입지다.

킨텍스는 어렵사리 얻어낸 전시장인 만큼 파급효과 역시 대단했다. 서울 모터쇼를 비롯한 5대 주요 전시회가 열렸고, 개장 이후 현재까지 3.3조 원의 경제 효과를 창출해냈다.

킨텍스에서 열리는 박람회, 회의 등은 언뜻 보면 일회성 행사나 이

벤트처럼 보이지만, 역으로 생각하면 단 며칠간의 짧고 굵은 행사로 막대한 부가가치를 창출할 수 있는 가성비 좋은 산업이다. 수많은 기업이 동시에 제품을 판매·홍보하고, 기획, 전시, 음향, 배송 등 수백 개의 관련 업체가 일거리를 얻는다. 그뿐 아니라 수십만 명 방문객의 발길이 이어지며 인근 상권과 관광이 덩달아 활력을 얻는다. 박람회와 국제회의를 단순히 '행사'가 아니라 기업, 일자리, 관광, 수출 등 경제의 모든 요소와 부대 산업이 연결된 '마이스산업'(회의(Meeting)·포상관광(Incentives)·컨벤션(Convention)·전시회(Exhibition)의 머리글자를 딴 용어로, 폭넓게 정의한 전시·박람회와 산업)으로 부르는 이유다.

**킨텍스는 각종 규제에 묶여 변변한 자족시설 하나 없이 베드타운으로 전락해가던 고양시의 구원투수였다. 고양시에서 시작된 전시산업의 날갯짓이 먼 뉴욕까지 폭풍을 일으키기를 기대하며 킨텍스 외관은 나비 모양으로 지어졌다.**

그러나 킨텍스라는 나비는 홀로 날 수 없었다. 교통과 숙박시설, 이 두 가지 요소가 킨텍스를 든든히 뒷받침해주어야 세계박람회나 국제회의 유치가 수월해진다.

그런가 하면, 방문객이 전시장만 구경하고 돌아가게 해서도 안 된다. 단순히 행사 입장권을 판매하는 것이 아니라, 도시의 '볼거리'와 '가치'를 파는 것이 킨텍스를 만든 궁극적 이유이기 때문이다. 인근 상권, 관광지, 숙박, 관련 기업 등 부대시설이 연결되어 하나의 거대한 복합관광단지가 형성될 때 비로소 관광객들이 전시장 밖에서도 지갑을 열고, 고양시 역시 킨텍스가 창출하는 경제 효과를 조금이라도 누릴 수 있게 된다.

그래서 고양시는 킨텍스 일대를 대단위 '복합 마이스 단지'로 조성하기로 했다. 킨텍스 문을 열기 5년 전부터 킨텍스를 둘러싼 땅 약 34만m²를 빚을 내어 사들이고, 이 부지들을 온전히 킨텍스의 성공을 위해 사용하기로 했다.

부지는 총 14곳 구역으로 나뉘었고, 구역별로 호텔, 무역센터, 업무시설, 공항터미널 등 용도가 엄격히 제한됐다. 또 멀리서도 킨텍스 전시장이 잘 보이도록 건물 높이도 저층으로 규제했다. 고양시의 전폭적인 투자와 지지를 등에 업게 된 킨텍스는 이제 나비처럼 훨훨 비상할 일만 남은 듯했다.

그러나 이러한 초심과 의지는 시간이 지나며 점차 훼손되어 갔다. 킨텍스 개장 15년이 지난 지금, 이 부지들에는 자동차전시관과 아쿠아리움, 호텔 외에는 이렇다 할 만한 지원시설이 없다. 8,600세대의 고층아파트와 주거용 오피스텔, 대형마트, 백화점만이 주변을 촘촘히 둘러싸고 있다. 킨텍스 지원부지라고 말하지 않는 이상 킨텍스와 별개의 부지처럼 보인다.

부지 조성 이후, 지난 10년 동안 지원부지 대부분이 용도가 변경되어 민간에 팔려나갔다. 원하는 대로 자족시설이 유치되지 않자 당초에 투자한 토지매입비를 빨리 회수하기 위해 주거단지 등으로 용도를 변경해 매각한 것이다. 킨텍스는 결국 고립됐다. 마트와 고층아파트로 빙 둘러싸인 킨텍스에서 방문객들은 고양시의 다른 매력도 느낄 새 없이 그냥 박람회만 보고 떠나게 되는 것이다.

마지막 남은 킨텍스 지원부지(c4부지)

킨텍스가 경복궁, 에버랜드에 이어 우리나라에서 단일지점 기준으로 방문객 3위로 연간 700만 명이 찾는 곳이라고 하면, 시민들은 그 정도로 대단한 곳인 줄은 몰랐다며 놀란다. 고양시에서 무척 의미 있고 소중한 자산인데도 시민들이 킨텍스의 가치를 크게 체감하지 못하는 것 역시 킨텍스와 고양시 내부가 유기적으로 연계되지 못하고 동떨어져 있기 때문일 것이다.

'C4부지'는 모두 팔리고 마지막으로 남은 킨텍스 지원부지다. 업무·숙박·판매시설 용도로, 14개 부지 중 가장 규모가 크고 입지도 가장 좋은 부지다. 처음에는 이 노른자 땅이 왜 아직도 임자를 만나지 못했는지 이해가 되지 않았다. C4부지는 수차례 입찰과 사업자 선정에 실패하며 오히려 애물단지로 고양시에 남아 있던 상태였다.

그러나 곧 그 이유를 알게 됐다. C4부지는 팔리지 않은 것이 아니라, 너무 좋은 땅이라서 팔릴 수 없는 운명이었다.

# 03

# "땅 파는 시장은 봤어도,
# 안 판다는 시장은 처음 봅니다"

사겠다는 사람은 넘쳤지만, 정작 '팔 만한' 사람이 없다. 시에서는 이미 몇 차례 매각을 시도한 상태였다. C4부지는 면적의 60% 이상에 업무시설, 호텔, 판매시설 등을 지어야 한다. 가장 크고 비싼 부지에 엄격한 판매 조건을 내걸자 수년 동안 C4부지를 사겠다는 업체가 선뜻 나타나지 않았다.

그래서 2017년, 개발업체 측이 사업계획을 직접 제안하고 그중 가장 적합한 업체를 선정하는 공모를 하자, 사업자들이 관심을 두고 몰려들었다.

결과는 참담했다. 입찰에 참여한 기업 모두 킨텍스 지원시설이 아니라 '집'을 짓겠다며 달려든 것이다. 입지가 좋다 보니 아파트나 주거용 오피스텔을 지으면 막대한 수익을 낼 수 있기 때문이다. 심지어 땅의 90% 이상에 주거용 오피스텔을 짓도록 해달라는 사업자도 있었다. 결국, 시에서는 사업자를 선정하지 않았다. 공공과 민간의 동상이몽 속 C4부지는 다시 방치됐다.

어떻게 해야 땅을 팔 수 있는지 검토를 부탁했는데, 분석 결과 역시 충격적이었다. C4부지 면적의 최소한 절반가량에 주택·오피스텔 등 수익상품의 '끼워 팔기'를 허락해야만 민간사업자가 원하는 수익률이 나오고 매각도 가능하다는 것이다.

C4부지 처분이 어려운 상황에서 어떻게 처분하면 좋겠느냐는 사람들을 보며 난감했다. 다들 그저 땅을 파는 것만이 해답이라고 생각하는 것 같았다. 고양시의 'C4부지 철통 사수'의 틈새 여기저기를 민간사업자들이 파고드는 상황에서 마냥 손 놓고 있을 수는 없었다.

취임하고 첫 시정 질문 자리에서 "C4부지와 같은 중요한 땅을 싸게 팔지 않을 것이고, 미래세대를 위해 남길 수 있다면 비워두어도 좋겠다"는 뜻으로 매각 중단 의지를 조심스럽게 밝혔다. 킨텍스 지원 부지가 더는 주택단지로 변모하는 것을 막기 위한 안간힘이자, 더는 개발이익을 위해 C4부지의 공공성을 흔들지 말라고 민간사업자들에게 공개적으로 선언한 셈이었다.

**땅을 파는 것은 어렵지만, '땅을 팔지 않는 것'도 상당한 결단력과 어려움이 따르는 일이었다. 아무리 시장이라도 한 사람이 결정 내리기에는 쉽지 않은 문제였다.**

**그러나 매각 중단은 최선의 결정이었다. 그 결정을 누군가 해야 한다면 내가 모두 떠안고 가자는 생각이었다.**

"왜 팔지 않느냐? 인근 아파트에 특혜를 주는 거 아니냐?"는 민원이 빗발쳤고, "세상에 땅 파는 시장은 봤어도, 땅 파는 걸 막겠다는 시장은 처음 봤다"는 말도 들었다.

1차(2,600억 원), 2차(2,000억 원) 매각에서 유찰되고, 3차 수의계약으로 2,000억 원 이하로 계약하는 일만 남았는데 갑자기 매각을 중단하면 신의의 원칙 위반이라고도 했다.

"왜 우리 시는 외곽에 싼 땅만 보유하고 중심지에 있는 좋은 땅은 다 매각해야 합니까? 정말 그 정도 가치밖에 안 나갑니까?"

스스로 던진 물음은 환청처럼 메아리로 허공에 남는다.

# 04

# 사상 최초의 미래용지 탄생

한편으로는 이렇게 허무맹랑한 소리만 계속되는 상황에서 C4부지 매각 중단만으로 끝날 일이 아니라는 생각이 들었다.

내가 시장으로 있을 동안이야 절대 주택단지로 용도가 변경되도록 두지 않겠지만, 인구 109만의 도시계획을 시장 한 사람의 판단에 의존할 수만은 없었다. 시장이 바뀌어 또다시 매각 시도라도 한다면 어떻게 될까. 끊임없이 유찰을 반복하다가 민간의 개발 압력을 이기지 못하고 결국 다른 부지처럼 어영부영 주택단지로 용도변경 될 수도 있다.

결국 C4부지의 제도적 보호 장치를 만들기로 결심했다. 그래서 탄생한 것이 유례없는 '미래용지'다. 조례를 통해 C4부지를 미래용지로 지정해 30년 동안 민간 매각을 금지하고 공공에서 직접 활용하는 것이다. 미래용지 제도는 즉흥적으로 결정한 것이 아니라, 취임 전 인수위원회 시절부터 문제의식을 느꼈고 마음으로 다잡아왔던 구상이었다.

**대기업 유치가 장기전인 반면, 이 부지를 용도변경해서 아파트단**

지로 만들어버리는 일은 단 하루 만에도 가능하다. 빈 자족용지는 얇은 유리창같이 늘 위태로운 상태다. 본래 목적이 훼손될 우려가 있는 자족용지를 보호하기 위해서는, 인허가권보다 더 강력한 '법'이라는 제도적 장치가 필요하다고 생각했다.

직원들은 이 미래용지 지정을 두고 "예? 30년 동안이나요?" 하며 매우 놀랐다. 어떤 직원은 아예 못 하겠다며 난색을 표했다. "우리 부서의 업무는 킨텍스 지원부지를 매각하는 것이지, 보존하거나 활용하라고 있는 것이 아니"라고도 했다.

그래서 결국 조례안 초안을 직접 썼다. 조례안은 완성됐지만, 시의회를 설득하고 통과를 이끌어내는 과정도 순탄하지만은 않았다. 의원을 직접 만나 일일이 설득한 끝에 간신히 조례안이 통과됐다.

언론과 시민들 사이에서도 갑론을박이 벌어졌다. 질타하는 쪽의 내용은 한결같았다. "왜 기업을 유치하지 않고 비워두느냐?" 특히 '30년'이라는 숫자로 뭇매를 맞았다. "30년 동안 노른자 땅을 묵혀두는 건 직무유기다."

그럴 때마다 대답했다. "결국 저나 여러분이나 바라는 것은 같습니다. 자족시설입니다. 역설로 들리시겠지만, 미래용지는 기업 유치를 막는 것이 아니라 기업을 들여오려는 필사적 노력입니다. 미래용지는 30년 동안 땅을 비워두자는 것이 아니라 오히려 가장 필요할 때 가장 필요한 곳에 부지를 사용하고자 하는 '결연한 의지'의 발로입니다."

C4부지는 사람들의 선의와 의지만으로 보호되는 땅이 아니다. 마

음만 먹으면 하루 만에 주택단지로 만들어버릴 수 있는, 위태롭기 짝이 없는 욕망의 표적이었다.

기업 유치가 현실적으로 당장 어렵다는 것을 모두가 안다. 그러나 언젠가 기회는 온다. 특히 인근 GTX 개통, 일산테크노밸리 등의 조성 후 부지의 가치나 사업성이 또 다시 어떻게 변할지 모르는 일이다. 그런 시점이 온다면 꼭 30년이 아니더라도 언제든 조례를 개정해 미래용지에서 해제할 수 있다. 미래용지는 오히려 나대지로, 무방비로 방치된 부지를 '공공이 적극적으로 보호하는 상태'로 전환하는 미래 투자다.

굳이 30년이라는 장기간으로 정한 것은, 행여 오랜 시간 이 땅에 계속 기업 유치가 불발될 경우 일산 1기 신도시 노후 공동주택의 리모델링 자금으로 써도 좋을 것이다. 20~30년 후면 1기 신도시 일산은 더는 노후화를 버틸 수 없는 한계짐이 오고, 리모델링이나 재건축이 전면 이뤄질 수 있다.

그 시점에 장기 임대했던 건너편 원마운트와 한화 수족관도 고양시로 다시 반환되는데, 이 세 개 부지를 합치면 총 1조 원의 공동주택 리모델링 자금을 마련할 수 있고, 통일이 오면 연방 청사도 지을 수 있는 땅이기 때문이다.

미래용지는 주택만 가득한 난개발과 50층 이상의 고층 건축을 거듭해 더는 한 뼘도 디딜 곳이 없는 땅으로 만들어 놓은 현세대가, 후대에 떠넘긴 뒷감당을 조금이라도 같이 부담하자는 작은 배려다. 기자회견장에서 모든 질문에 답한 뒤 이렇게 마무리했다.

미래용지로 보존된 킨텍스 C4부지

"그동안 도시개발은 현세대를 위한 투자에만 급급했습니다. 도시를 사용한 막대한 비용을 후대에 전가한 것도 모자라 다음 세대에 써야 할 자원마저 앞당겨 소비했습니다. 자족 기능 없는 성장, 기반시설 없는 난개발, 무책임한 주택단지로의 용도변경에 누구도 책임을 느끼지 않았습니다. 이제 우리는 다음 세대와 도시를 나눠 써야 합니다. 세대 간 단절된 도시가 아닌 연속되는 도시로 나아가야 합니다. 당장은 손해 보는 것 같고, 조금 더디게 느껴지더라도 분명 우리의 발걸음은 수십 년 뒤 정말 잘한 결정이고 옳은 결정으로 남을 것이라 확신합니다."

이후 자갈이 많아 척박한 이 땅에 일단 유채꽃과 청보리를 심어 시민을 위한 공간으로 두고, 연구를 통해 C4부지의 임시 활용 방안을 몇 가지 마련했다.

런던 낙후지역을 '전 세계 트렌드 1번지'로 거듭나게 한 런던 박스파크 쇼디치, 첨단 기술 스타트업들을 위해 조성된 암스테르담 스타트업 빌리지, 임시 기숙사로 활용된 암스테르담 키트보넨 등은 모두 도심 내 공유지, 유휴 부지를 임시 활용해 시민의 필요를 충족시킨 사례다.

C4부지는 단기적으로는 시민을 위한 상징적인 환원 공간으로 조성하는 것이 목표였다. 힐링을 주는 치유숲, 플리마켓, 킨텍스 제3전시장 건립에 따른 주차장과 미니 태양광발전소 병행 등이 그 방안이다.

2024년이면 인근 일산 테크노밸리 등 5개 자족사업이 완공되는 만큼 중장기적으로는 인력과 기업을 공급할 청년 창업 공간, 주요 산업단지의 전시·체험 공간 또는 CJ라이브시티와 연계한 문화 공간 건립도 한 방안으로 검토할 수 있다.

해당 부지는 미래용지 지정 당시인 2019년 추정가격이 2,000억 원 정도였지만, 보존 2년 뒤인 현재 그 가치가 3,000억 정도로 오른 상태다. 앞으로도 이 땅의 가치는 무한대로 높아질 것이다.

50층으로 둘러싸인 부지 안에 조그마한 여유 공간이라도 남겨줄 수 있다면, 이제까지의 과잉 개발에 대한 일부분의 책임이라도 분담할 수 있는 것이 아닐까, 생각한다.

# 05

# 더 큰 날갯짓을 시작하다

킨텍스를 지켜내기 위한 지원부지는 제 기능을 잃지 않도록 막아냈지만, 정작 우리가 사수하고자 한 킨텍스는 포화 상태에 가까워지고 있었다. 가까운 중국이 잇따라 전시장을 짓고 규모로 밀어붙이면서 킨텍스는 50위권으로 경쟁력이 하락하고 있었다.

마이스산업에서 경쟁력을 잃는다는 것은, 쉽게 말해 고양시의 생명줄이 끊긴다는 뜻이다. 마이스산업은 단순 전시뿐만 아니라 무역, 관광, 숙박, 문화가 톱니바퀴처럼 맞물려 돌아가는 종합산업이기 때문이다. 전시산업이라는 톱니바퀴 하나가 멈춘다는 것은 다른 바퀴들도 돌지 않는다는 말과 같다.

세계 10대 전시장 중 4곳을 보유하고 있는 독일은 마이스산업의 비중이 국민총생산(GDP)의 1%를 차지한다. 미국의 라스베이거스나 뉴욕도 마이스산업이 새롭게 성장하면서 도시 경제가 활력을 얻고 있다. 세계 경제의 중심으로 부상하고 있는 중국도 마찬가지다. 광저

우시는 세계적인 전시회 하나로 지역경제를 살리고 있다.

이런 상황에서 우리나라는 서울 코엑스가 잠실운동장 부지 내에 15만m² 증설을 발표했고, 부산 벡스코도 서부산권 산업단지에 10만m²를 증설, 총 14.6만m²로 확장하겠다고 밝혔다. 타 지자체들이 경쟁적으로 대규모의 전시장을 갖추게 되면 국내 최대를 자부하던 킨텍스는 경쟁력을 잃을 뿐만 아니라 상당 기간 킨텍스 제3전시장의 추진도 불가능해지는 상황이었다.

킨텍스 제3전시장은 이미 경기도, 고양시, 코트라(산자부) 등 3대 주주가 한국국제전시장 건립사업협약서에 명기한 협약사항이었다. 협약서의 계획에 따라 사업비를 투자할 결단만 내리면 건립이 추진될 수 있었다.

킨텍스의 상황을 보면, 제1·2전시장의 가동률이 70%를 넘고 있었다. 이는 계절적 요인으로 전시할 수 없는 날을 제외하면 이미 최대한의 운영을 하고 있다는 의미다. 제3전시장 건립을 미루게 되면 제1·2전시장의 병목 현상은 불 보듯 훤한 일이었다.

마이스산업은 수요에 지대한 영향을 받는 사업이지만, 한편으로는 공급이 수요를 창출하는 산업이다. 이미 포화에 이른 킨텍스의 공급을 늘리지 않으면 더 이상의 도약은 불가능한 상황이었다.

사실 고양시는 킨텍스 제3전시장 건립이 결정되기 전 마이스산업의 밑그림부터 다시 차근히 그리고 있었다. 연계 산업과 관련 인프라에 대한 준비 없이 킨텍스 3전시장만 건립하자는 주장은 경제적 타당성을 인정받기 어려울 것이란 판단에서였다.

그 준비가 바로 기초지자체 중 최초로 국제복합회의지구, 국제회의 도시로 지정된 일이었다. 도심공항터미널 유치에도 나섰다. 향후 남북 관계가 좋아지면 개성공단, 평양을 방문할 수 있는 최적의 거점지역이 킨텍스 인근이기 때문이다.

킨텍스 인근에 추진되고 있는 고양일산테크노밸리는 물론 방송영상밸리와 CJ라이브시티 등의 사업 또한 킨텍스 3전시장과 연계된 든든한 지원군이 될 예정이었다.

2019년, 경기도지사를 만난 자리에서 솔직하게 털어놓았다. "도와주십시오." 아직 확정되진 않았지만, 곧 고양시 지도에 그려질 미래의 가치들을 킨텍스 제3전시장 예비타당성 조사에 반영하는 것이 꼭 필요했다. ⒄강기정 정무수석을 방문하여 킨텍스 제3전시장은 정부가 한 약속이고 서울 잠실같이 비싼 땅에 전시관은 결국 아파트 사업으로 변질될 것이라는 우려를 전달했고 ⒄김현미, 유은혜 두 장관의 지원을 받았다.

2020년, 마침내 킨텍스 제3전시장은 기재부의 예비타당성 조사를 통과하면서 건립이 확정되었다. 제3전시장 건립을 추진한 지 4년 만에 거둔 가슴 벅찬 성과였다.

**킨텍스 제3전시장 건립의 가장 큰 의미는, 우리가 무엇을 지켜내기 위해 싸워왔는가에 대한 대답이다. 킨텍스 부지에 대규모 주거단지 건설을 막아내고, 미래용지를 보존하며 싸워온 것은 우리가 가진 마이스산업 기반을 지키기 위함이었다. 장미 나무가 꽃을 지키기 위해 가시를 만들어내는 것처럼, 우리도 마이스산업이라는 고양시의 꽃을 지키기 위해 싸워왔다.**

## 06

# 호텔 없는 관광숙박단지?

또 하나 남은 고양시의 미래 부지는 킨텍스 지원부지 옆 고양관광문화단지다. 쭉 뻗은 한강과 자유로를 따라가면 보이는 100만m²(30만 평) 규모의 이 부지는 원래 킨텍스에 방문한 외국인 관광객, 바이어를 고양시에 붙잡아두기 위한 관광숙박단지로 경기도에서 계획했다. 논밭을 없애고 30~40개의 비즈니스호텔 등이 들어설 수 있도록 부지를 만들었다. 2000년대 초반, 드라마 〈겨울연가〉 등 한류 열풍도 이 부지 조성에 한몫했다.

2000년, 야심차게 시작된 고양관광문화단지는 20년간 우여곡절을 겪으며 표류를 거듭했다. 고양관광문화단지 사업의 핵심인 '한류월드' 사업은 테마파크, 공연장, 호텔, 쇼핑을 한데 모은 집적단지로, 처음에는 국내 대형건설사와 유니버셜스튜디오, 레고랜드 등 세계 굴지 업체들이 투자 의향을 밝히며 화제를 모았지만, 정작 사업자는 10년 동안 삽조차 뜨지 못한 채 사업을 포기했다.

**많은 지자체가 유행을 따르듯 관광문화단지를 조성하겠다며 야심 차게 도전했지만, 한류를 콘텐츠보다는 한때의 유행으로 다루고 장기적 안목을 가지지 못해 대부분 실패로 끝났다.**

이후 법정 공방이 이어지고, 한류월드를 운영할 사업자도 나타나지 않자 2015년 정부가 직접 나서서 CJ를 사업자로 선정하고 이름도 'K-컬처밸리'로 바꾸며 사업을 밀어붙였다. 그러나 이듬해 국정 농단 사태가 터지고 K-컬처밸리 사업까지 연루 의혹이 제기되며 사업이 또다시 중단됐다. 이후 착공 연기를 거듭하자 사람들은 이 사업은 끝났다고 생각했다.

숙박시설은 외국인 관광객 유치를 위한 절대조건이다. 경기도는 총 5조 6천억 원을 투입해 연예공연장, 한류쇼핑센터, 게임월드, 종합촬영장, 테마파크, 호텔 등 미국 할리우드를 방불케 하는 화려한 국제적 관광숙박단지를 조성키로 했다.

그러나 십수 년이 지난 현재 특급호텔이 한 개밖에 들어서지 못했다. 킨텍스가 필요로 하는 숙박시설의 20%도 충족하지 못한다. 그 때문에 킨텍스가 유치한 수많은 관광객을 서울의 호텔로 빼앗겼다. 고양시의 남은 숙박시설 부지는 모두 어영부영 팔려나가고 1,200여 실의 호텔 부지가 마지막으로 남았다. 15년 간 주인을 찾지 못한 상태였다. 그러던 어느 날, 한 중소 건설사가 한류월드 부지에 호텔을 짓고 싶다며 제안해왔다. 가뭄의 단비처럼 찾아온 사업자가 우리로서는 반가울 수밖에 없었다.

그런데 사업계획서를 찬찬히 읽어보니, 전체 면적의 70%에는 주거용 오피스텔을 짓고 남은 30% 땅에만 호텔을 짓겠다는 내용이었다. 사실, 이 부지 전체를 호텔로 짓겠다는 것이 최초의 계획이었다. 호텔 사업을 하겠다는 건지 오피스텔 사업을 하겠다는 건지 의심할 수밖에 없었다.

그렇게라도 호텔을 짓겠다면 고마운 일 아니냐고 말하는 사람도 있었다. 언제 또 호텔을 짓겠다는 사람이 나타날지 모르기 때문이다. 당시 고양관광문화단지 사업 전체가 삐걱거리고 있었다. EBS, 방송지원센터가 들어왔지만, 한류월드 외에 애초에 들어오기로 한 상업과 숙박, 업무·복합시설도 쉽게 들어서지 않던 상황이었다.

이렇게 불확실한 미래 속에서, 사업을 주관했던 경기도는 고양관광문화단지의 터만 닦아 놓은 채 2019년 고양시로 관리권을 넘겼다.

인근 부지들이 다 그렇게 개발됐는데 주거용 오피스텔을 짓게 해줘도 그만 아닐까, 생각할 수 있었다. 그러나 과거 그런 선택이 모이고 모여 집만 가득한 고양시를 만들고 말았다.

고양시는 자족 부지를 더는 잃을 여유가 없다. 건설사의 제안을 반려했다. 앞으로 오피스텔이 20%든, 30%든 애초의 부지 용도에만 충실하기로 했다. 우리가 그동안 의지해온 것은 '사람의 도시'가 아닌 '탐욕의 법적 기준'이었다. 이 법적 기준의 빈틈을 타고 개발업체의 이익이 스며들었고, 베드타운의 영역은 점점 더 넓어졌다.

이후 몇 달이 지났다. 주춤했던 K-컬처밸리 사업이 급물살을 타기 시작했고, CJ라이브시티로 이름을 바꾸어 가속도가 붙었다. 20여 년간 멈춰 있던 이 부지에 드디어 사업을 재개하게 됐다. 만약 그때 개발사업을 허락했더라면, 이 거대한 사업들을 지탱할 숙박시설 대신 또 한 뼘의 오피스텔이 늘어났을 것이다. CJ라이브시티와 고양관광문화단지의 미래도 한 뼘씩 더 줄어들었을 것이다. 도시의 미래는 누군가 자리를 하나 더 마련함으로써 더 넓어져간다.

# 제5장

# 내 재산이라면
# 용납하겠습니까?

이익만을 좇는 자본권력, 그리고 이 자본권력에 자의든 타의든 타협하
고만 정치권력과 공공이 만들어낸 참상과 그 악순환의 고리를 이제는
끊어야 한다. 편법과 탈법, 부정과 불의의 성공신화는 더는 부러움의 대
상이 될 수 없다.

# '황금알 거위'의 배를 가르다

이솝우화 중에 하루에 한 개씩 황금알을 낳는 거위 이야기가 나온다. 황금알을 매일 시장에 내다 팔아 짭짤한 수입을 올리던 농부는 점점 조급해져서 결국 알 하나로는 만족할 수 없는 지경에 이르렀다. 농부는 거위의 배를 가르면 더 많은 황금알을 얻을 수 있을 것이라는 생각에 거위를 죽였지만, 정작 뱃속에서 나온 것은 검붉은 피뿐인 것을 보고 자신의 경솔함을 뒤늦게 한탄한다.

거위를 잘 키우면 점점 더 큰 알을 낳을 수도 있고 하루에 알을 대여섯 개씩 낳을 수 있는데도, 당장 한몫 챙길 수 있다는 유혹에 사로잡힌 농부는 결국 미래의 더 큰 이익을 잃었다.

모두가 농부의 어리석음을 비웃지만, 우리의 뇌는 이렇게 어리석은 선택을 하도록 프로그래밍되어 있다. 당장 눈앞에 있는 10억 원, 아니면 나의 노력 여부에 따라 10년 후 받을 수도 있고 받지 못할 수도 있는 100억 원 중 선택하라면 대부분 전자를 선택할 것이다.

사람들은 먼 미래의 불확실한 이익보다는 눈앞의 확실한 이익을, 험난하고 복잡한 길보다는 쉽고 편한 길을 원한다. 누구도 눈앞의 달콤한 유혹에서 자유로울 수 없다.

　그러나 누군가는 더 크고 장기적인 이익을 선택해야 한다. 그것이 공공이 존재하는 이유다. 특히, 수십 년을 바라보는 도시계획은 장기적이고 거시적인 안목과 판단이 반드시 필요하다.

　안타깝게도 국가와 지자체의 도시계획에서도 근시안적인 선택이 무수히 많았다. 그 대표적 사례가 기업, 연구기관, 대학교, 공연장 등 자족시설이 들어서야 할 도시의 미래 부지를 아파트·주거용 오피스텔이나 상업시설 부지로 용도변경하는 행위다.

　자족시설은 '황금알을 낳는 거위'다. 법인세 등의 세수는 물론 일자리, 주변 상권 활성화, 도시 브랜드 가치 향상 등 도시를 먹여 살릴 수 있는 황금알을 꾸준히 낳는다.

　일본 고로모시는 주민 대부분이 누에고치 재배에 종사하는 농촌 도시였지만, 도요타자동차 본사가 들어서면서 인구 75%가 도요타 관련 업체에 종사하게 됐고 실업률은 한 자릿수로 떨어졌다. 독일의 작은 마을 헤르초겐은 1992년 미군 철수로 인구가 빠져나가며 쇠락의 위기를 맞았다. 그러나 아디다스, 푸마 등 굴지의 스포츠 기업 본사를 유치하면서 세계 최대의 스포츠용품 생산지로 화려하게 부활했다.

　자족시설을 유치하는 일은 쉽지 않다. 오랜 노력이 필요한 장기전이다. 반면 주택지구 개발은 눈앞의 '황금알'이다. 단기간에 부지 매각 이익과 막대한 분양 수익을 안겨준다. 그래서 많은 지자체가 자족시설이라는 거위가 자라기도 전에 배를 가른다. 개발이 지연되거나 기업 입주가 부진하다는 이유로 조급하게 용도를 변경해 민간에 매각해버리는 것이다.

자족시설 용도변경은 1990년대부터 상당수 지자체에서 암암리에 이루어지던 관행이었다. 1988년 지방자치 부활 후, 더는 국가에서 보조하는 돈이 아니라 각자 벌어들인 수입으로 살림살이를 꾸려야 하는 지자체들은 생존의 원동력인 기업 유치에 사활을 걸었다. 특히 수도권정비계획법 등 각종 규제에 묶여 베드타운으로 전락할 위험에 처한 수도권 지자체들은 첨단 무공해 산업을 미래 생존 전략으로 선정하고, 사업 부지와 사무 공간을 헐값으로 분양·임대해주는 등 산업시설 유치를 위한 처절한 호객 행위를 벌였다.

그러나 이렇게 간절한 지자체들의 바람은 사업자로 위장한 '부동산업자'에게 악용되고는 했다. 이들은 자족시설을 짓는다는 명목으로 헐값에 토지를 분양받은 후 차일피일 착공을 미루다가 땅값이 오르면 사업권을 팔아넘겨 차익을 챙겼다. 혹은 마땅한 기업이 들어오지 않는다든지, 사업성이 떨어진다든지 하는 핑계를 대면서 당초 사업 내용과 달리 주거단지로 용도변경을 해달라고 요구했다.

사업의 성공만 애타게 기다리던 지자체들은, 개발업체들이 사업 포기 등의 강수를 던지면 어떻게든 사업을 마무리해야 한다는 조급함, 그리고 땅을 언제까지나 비워둔 채로 방치할 수 없다는 부담감에 사로잡혀 요구를 마지못해 수용하고는 했다.

이렇게 자족사업은 또 다른 택지 조성사업이 되어갔고, 지도상의

'오피스'는 점차 '오피스텔'로 변해갔다. 개발업체는 수천억 원의 개발 이익을 챙겼다. 지자체는 당장 몇 푼의 부지 매각 대금은 얻을 수 있었지만, 수백억 원의 세수와 일자리를 잃었다.

손실은 미래의 기대 이익을 잃는 데서 끝나지 않는다. 주택 개발로 대규모 인구가 유입되면서 도로, 어린이집, 학교, 문화체육시설, 공원 등 주민을 위한 기반시설 설치에 막대한 세금이 투입된다. 개발 이익은 개발사업자가 얻고, 부담은 지자체가 떠안는 것이다.

자족시설 부지를 미운 오리 새끼로 취급하는 우매함, 그리고 공익과 사익 간 저울질의 실패로 많은 도시의 미래는 이렇게 한 뼘 한 뼘 주택이라는 소비재로 채워져갔다. 어떤 방법으로든 사익을 추구하는 개발업체, 그리고 거시적인 도시 철학 없이 당장의 성과에 급급한 지자체가 만나 도시는 기형적인 구조물이 되어갔다.

수도권 주택공급 안정이라는 명목하에 주거단지가 전국에 우후죽순으로 들어서던 2010년경, 나는 오랜 시민단체 활동을 접고 처음으로 정계에 발을 들였다. 경기도의원으로 당선된 것이다. 도의원으로서 공식 석상에서의 나의 첫 발언은 바로 자족시설의 주거단지 변경 문제였다.

"우리는 정말 수많은 시간을 자족시설 용도변경에 관해 이야기했습니다. 그런데 바뀐 게 없습니다. 수많은 언론이 부당하다고, 국민을 농락하는 것이라고, 참을 수 없다고 이야기하는데 왜 경기도지사만 이 사실을 모르시는 겁니까? 이제는 자족시설 용도변경 금지에 대해 본 의원이 대안을 제시한 그대로 반영해주시기를 간곡히 부탁드립니다."

경기도의회 행정감사에서 질의 중인 필자 (2014)

자족시설 용도변경은 현행법상 불법은 아니었다. 각 지자체의 판단하에 가능한 재량의 영역이었다. 그러나 재량이란 것도 엄연히 공익과 사익의 저울질이 필요하다. 용도변경으로 개발업자가 얻어가는 사익, 그리고 공공이 잃는 손실은 이미 균형을 상실했다.

**이 무의미한 줄다리기를 멈추기 위해 경기도에 두 개의 대안을 제시했다. 하나는 자족시설 부지의 용도변경을 엄격히 막는 '용도변경 금지 특약'이고, 또 하나는 오랫동안 사업을 착공하지 않으면 사업권을 다시 회수하는 '사업권 강제 환수 규정'이었다.**

그동안 묵인되어온 용도변경 문제를 공식석상으로 끌어낸 의미 있는 제안이었다. 그러나 의회에서 부결돼 법제화되지는 못했다.

## 02
# 분쟁의 시작

　　호주 시드니의 '페이지룩'이라는 곳에는, 빽빽한 도심 건물 사이 가장 노른자 땅 건물의 한 층을 비워두고 의자 하나를 덩그러니 놓았다. 도심이 한눈에 내려다보이는 이 명당의 전망을 누구한 사람이 독점하지 않고 '모두 함께 즐기자'는 뜻이다.

　역세권이나 한강이 바로 보이는 전망을 우리는 좋은 땅이 아니라 비싼 땅이라고 한다. 고층 아파트를 지어 돈을 더 가진 사람이 독점해 즐기도록 한다. 좋은 땅은 그래서 늘 욕망으로, 용적률을 높여 채울 수 있는 만큼 꽉 채워져 있다.

　고속도로를 타고 일산IC로 빠져나오자마자 보이는 '일산의 얼굴'은 총 2,700세대의 59층 주상복합아파트와 주거용 오피스텔이다. 일산의 관문이자 요지에서 위용을 뽐내는 이 아파트는 고양시에서 가장 높을 뿐 아니라 최고가를 호가한다.

　이 아파트 사이를 지나 대로변에 인접한 가장 좋은 3,600여 평의 땅이 마치 호주의 그곳처럼 공터로 남아 있다. 이 땅은 30여 년간, 개발 이익을 향한 욕망과 법적 분쟁이 돌멩이와 잡초처럼 뒤엉킨 끝에 다시 고양시로 돌아온 땅이다.

1980년대 후반, 정부에서 일산을 1기 신도시로 조성하겠다고 발표했고, 이 땅은 출판문화산업단지로 계획됐다. 아파트 숲이 될 일산에 들어설 유일한 자족단지는 모두의 기대를 모았다.

그러나 더 저렴한 땅을 찾던 출판단지는 일산의 비싼 땅값을 극복하지 못하고 바로 옆 도시인 파주로 향했고, 이후 우리나라 주요 출판사와 인쇄소의 반 이상이 파주에 자리 잡게 됐다. 고양시의 첫 자족단지의 꿈은 출발부터 삐걱거렸다. 30년간 이 땅이 방치와 분쟁에 휩싸일 줄 아무도 예상치 못했다.

일산 신도시 입주가 마무리되고 도시 외관도 어느 정도 완성된 1998년, 대형건설사인 요진개발에서 이 땅을 사들였다. 이들은 여기에 55층의 초고층 주상복합아파트 2개 동을 짓겠다며 기존 유통업무시설용지에서 주상복합용지로 해당 부지의 용도변경을 해줄 것을 경기도와 고양시에 수차례 요구했다.

7년 동안 요구는 번번이 반려됐다. 자족용지를 주거단지로 바꾸는 것도 모자라 초고층 아파트를 짓겠다는 계획에 시민의 비난 여론도 들끓었다. 논란 끝에 전국 최초로 주민투표에 부쳐졌고, 참여 주민 중 88%가 반대했다. 이렇게 아파트 건설계획은 백지화되는 것으로 보였지만, 마침내 시에서 조건부로 용도변경을 검토해보기로 하

백석동 요진와이시티 전경

면서 다시 수면 위로 떠올랐다.

고양시는 아파트 개발에 따른 이익을 추산한 결과, 요진개발에서 해당 부지의 약 절반인 49.2%(54,635㎡)를 고양시에 기부한다면 개발을 허락할 수 있다는 연구 결과를 도출했다. 그런데 요진개발은 땅을 절반에 크게 못 미치는 32.7%(36,247㎡)만 기부하고, 그 대신 1,200억 원(약 86,000㎡) 상당의 업무용 빌딩을 지어주겠다고 제안했다. 기부하겠다는 32%의 땅은 도로·공원·광장·학교 등 1만 명 가까운 아파트 입주민을 위한 필수 기반시설로, 그중 학교용지가 3분의 1 이상을 차지했는데, 이를 고양시에서 장기로 빌려 주민 숙원인 '자립형 사립고'를 짓겠다고 했다. 그것도 요진과 특수관계법인인 휘경학원에 사업권을 줘서, 결국 명목만 기부채납이고 실제로는 요진이 되돌려 받는 꼼수를 쓴 것이다.

잃어버릴 자족단지의 가치를 생각한다면 땅을 더 얹어줘도 모자랄 판에, 고양시의 미래와 맞바꿀 개발 조건을 요진은 당당히 제안했고, 시는 용도변경을 허락했다. 문제의 발단인 요진과의 '1차 협약'은 2010년 1월, 이렇게 이루어졌다.

# 03

# 당신 같은 사람도 정치인이야?

　　요진과의 협약을 맺은 이후의 지방선거에서 당선되어 도의회에 입성한 나는 2010년 말에 이 협약 문서를 처음 접하고 깜짝 놀랐다. 도시계획이 시작된 2000년부터 첫 협약을 맺은 2010년까지, 10여 년간 요진의 이익은 곳곳에 숨어있는 것처럼 보였다.

　**개발부지는 이미 은행이 1순위로 2,000억 원대의 근저당이 설정되어 있었다. 고양시가 협약을 통해 받기로 한 것은 부지가 아닌 빈껍데기였다.**

　**"이 상태에서 업체가 부도나면 우리가 돌려받을 것이 무엇입니까?"**

　**나의 첫 물음이었다.**

　또 경기도 도시계획심의위원회에서는 분명히 49.2%의 토지를 기부채납하는 조건으로 개발계획을 허락했는데, 상위기관인 경기도의 승인도 없이 갑자기 32.7%가 됐다. 그뿐만 아니라 160미터 거리에는 소각장이 있었다. 소각장 굴뚝 높이가 100미터인데, 아파트 높이

**백석동 출판단지 용도변경 과정**

| 구분 | 고양시 신청 | 경기도 답변 |
|---|---|---|
| 2000.7.4 | 주거 72%, 상업 28%, 용적률 600% 층수 55층 | 베드타운 방지, 자족기능 확보, 재검토 2000.8.29 |
| 2000.12.8 | 도시계획변경 재신청 | 재검토 지시내용과 상이하게 신청 반려 2000.12.26 |
| 2001.8.7 | 도시계획변경 결정 신청 | 주변여건과 관계법령에 부합된 건축계획 2001.9.27 재검토 |
| 2003.7.3 | 도시계획변경 결정 신청 | 전반적인 사항 분석검토 중추적인 자족기능 2003.7.27 재검토 |
| 2005.8.19 | 2020 도시기본계획 승인 신청 | 전문기관에 의뢰 자족기능 보강에 대한 과학적시장조사 및 연구를 토대로 활용계획수립 2006.7.10 재심외 |
| 2007.6.14 | 2020 도시기본계획 일부변경안 승인 신청 | 2020 도시기본계획 일부 변경안 재검토 2007.6.15 |
| 2008.4.24 | 공공용지 49.2%, 주거용지 37.1% 산업용지 13.7%, 공용용지 위치도 첨부 | 2020년 고양도시기본계획 변경안 승인 통보 2008.9.18 |

는 그 두 배인 205미터다. 소각장 건물 옆에 굴뚝보다 더 높은 건물을 짓는 도시계획은 세상 어디에도 없다. 첫 단추부터 잘못 채운 허술한 협약이었다.

나는 이 협약서를 그냥 넘길 수 없었다. 2010년 11월, 경기도에 도정 질문을 통해 항의했다.

"업체 이익을 극대화한 이 용도변경에 대해 반드시 경기도 감사를 실시하고 위법 여부를 점검하라."

이듬해에는 형사처벌까지 요구했다.

"지난 도시계획심의위원회에서 백석동 출판단지에 대해서 용도변경 허가에 관계한 모든 공직자와 도시계획심의위원은 반성함과 아울러 그 자리에서 물러날 것을 강력히 요구합니다."

그러나 외로운 싸움이었다. 2011년, 경기도 행정사무감사에 고양시 부시장을 참고인으로 요청했지만 거부당했다. 일부 주민들과 정치인들은 "지역 발전을 방해하는 인간 물러가라!", "당신 같은 사람이 무슨 정치를 하느냐?"며 현수막을 붙이고, 문자를 하루 수십 통씩 보내며 혹독하게 공격해왔다.

최초 협약을 맺은 지 2년 뒤인 2012년, 착공에 앞서 1차 졸속 협약을 보완하겠다며 고양시와 요진개발은 2차 협약을 맺었다.

학교 용지를 받기로 했지만 고양시는 지방자치단체로, 학교를 직접 설치할 수 없었다. 그 대안으로 요진개발 대표의 아들이 운영하는 사학재단 휘경학원에 학교 부지를 주고, 이 재단이 자사고를 설치·운영토록 한다는 것이었다. 다만 준공 전까지 학교 설립승인을 받지 못하면 다시 고양시로 부지를 돌려준다는 조건이었다.

그런데 당시는 자사고 설립이 사실상 불가능한 시점이었다. 또 고양시에 주기로 한 업무빌딩 규모나 가액도 여전히 명확하게 제시되어 있지 않았다. 2차 협약을 맺으면서 아파트 세대수는 두 배로 늘어났다. 사실상 자족 기능 포기였다. 초고층 아파트인 만큼 용적률이 다른 아파트의 두 배인 570%에 달했다.

이렇게 총 사업비 2조 원 규모의 고양시 초고층 아파트는 공사를 시작했다. 건축허가서 심의서를 요청했다. 소각장에서 나오는 미세

먼지와 냄새 등에 대한 대책은 소각장 쪽의 창문을 밀폐형으로 만들고 집집이 공기청정기를 다는 것이 전부였다. 소각장 굴뚝과 가장 가까운 거리, 100미터 굴뚝 높이의 아파트는 온도가 4~5도 상승하는 건축물이었다. 우리의 과학은 이렇게 불가능한 것도 가능하게 만들 수 있구나, 생각하며 실소를 금치 못했다.

대기환경보존법은 소각장과 340미터 안에 있는 주택은 환경피해 간접영향권이라 보상을 해준다. 소각장 건설 이전에 들어온 기존 건물은 어쩔 수 없지만, 새로 짓는 건물이 간접영향권 안에 들어와 보상을 해주는 이상한 형태는 아마도 대한민국 최초일 것이다. 법의 뜻은 간접영향권 안에는 주거용 건축을 하지 말라는 것이다. 그래서 백석동 요진 부지는 출판단지이지 주택지가 아니었으나 우리의 탐욕과 건설자본이 이런 법질서를 허물고 용도를 변경했다. 건축허가를 내주는 순간부터 이익만 고려됐지, 그곳에 살아갈 사람도, 소각장을 운영하는 고양시도 고려하지 않았고 수많은 갈등을 예고하고 있었다.

## 04
# 적반하장 소송

어느덧 아파트 준공일이 2년 앞으로 가까워졌다. 요진개발이 약속했던 땅과 건물의 기부채납 의무 역시 가까워졌다. 그러나 요진개발에서는 아무 움직임도 없었다.

당시 요진은 이미 첫 입주자를 모집했고, 1년도 되지 않아 분양률을 50% 이상 달성한 상태였다. 협약에 따라 업무빌딩 기부채납 계획과 자사고 설립, 초과수익 절반 재분배 등을 논의할 시점이었지만, 요진개발은 분양률이 아직 저조하다며 무응답으로 일관했다.

**요진개발은 자기 소유의 건물을 착공하면서, 고양시에 기부채납을 할 업무빌딩은 착공조차 않는 뻔뻔한 태도를 보였다. 그뿐만 아니라 업무빌딩 규모도 시에서 요구한 면적의 40%만 짓겠다고 주장했다.**

게다가 교육청에서 자사고 설립이 최종 불허되면서, 협약에 따라 고양시에 학교 부지를 돌려주어야만 했다. 그런데 휘경학원은 아파트 준공이 1년도 남지 않은 시점에서 돌연 "자사고 대신 사립초라도 짓게 해 달라"며 고양시에 터무니없는 계획 변경을 요청했다.

요진개발은 처음부터 11%에 달하는 학교 용지를 내줄 마음이 없었다. 자사고에서 사립초로, 농락만 거듭한 것이고 고등학교든 초등학교든 결국 요진의 땅이 되도록 설계되어 있었다.

2016년 5월, 마침내 약속한 준공일이 다가왔다. 고양시는 그동안 수십 차례나 기부채납 이행을 독촉했지만, 요진개발은 이를 묵살한 채 도리어 고양시에 준공 승인(사용승인 처리)을 요청했다.

고양시는 이에 맞서, "협약대로 업무빌딩 2만 평을 내놓으라"며 민사소송을 제기했다. 상황이 급박해지자 요진개발은 입주민을 볼모로 준공을 밀어붙였다. 길거리에 나앉게 생긴 입주민들은 시청으로 대거 몰려와 집회를 벌이고 사용승인 처리를 요구했다.

소송은 진행 중이었지만 3심을 모두 거치면 최소 수년이 걸릴 것으로 보였으며, 준공 처리를 거부하는 것은 건축물 구조적 결함 등 직접 사용상의 문제만 있을 때만 가능한 까닭에 역으로 고양시가 거액의 손해배상을 해줘야 할 기막힌 상황이었다. 결국, 고양시는 준공 처리를 해줄 수밖에 없었다.

원하는 것을 모두 얻어낸 요진개발은 준공승인 한 달도 되지 않아 고양시에 적반하장으로 소송을 걸었다. "개발허가를 조건으로 기부채납을 요구한 것은 무효다"라는 것이다.

휘경학원 역시 경기도교육청에는 "자사고를 짓게 해달라"는 소송을, 고양시에는 "자사고 대신 사립초를 짓게 해달라"며 행정소송을 제기하며 둘 중 하나만 얻어걸리라는 '투트랙 전략'을 구사했다.

고양시가 제기한 소송까지 총 4개의 소송이 뒤얽히면서, 일산의 노른자 땅은 본격적인 진흙탕 싸움에 휘말렸다.

# 05

# 20년 전쟁의 마무리

현재 보이는 모든 것은 과거의 오래된 시간 속에서 축적되고 잉태된 것이다. 법정에서 다툰 기간은 5년이었지만, 이 사건은 수십 년 전에 시작되었는지도 모른다. 우리가 만들어낸 것은 아름다운 건축물이 아니라 괴물이다. 고양시는 기형적으로 발전했고, 이 기형적 발전에 대해 우리 모두 조금씩은 외면했고 조금씩은 동조했다. 그 결과물이 현재의 모습이다.

2018년 7월, 고양시장에 취임했다. 인수위원회를 통해 가장 먼저 올라온 보고는 이 '요진 분쟁'이었다.

불과 수년 전까지 도의원으로서 지역 정치인들과 주민들에게 욕이란 욕은 다 먹어가며 조치를 요구했던 사건이, 이제 시장이란 자리에 앉아 직접 해결해야 할 무거운 책임으로 돌아온 것이다. 10년 전, 누군가 받아냈으면 멈출 수 있었던 작은 공은 아무도 제지하지 않아 결국 큰 바위로 몸집을 불려 나에게 돌아왔다. 그러나

고양시의회에서 요진 관련 발언에 나선 필자

회피할 수는 없었다.

사람들은 수억 원대의 소송 비용을 들이는 것을 비난했다. 그러나 할 수만 있다면 수십억, 수백억 원의 비용을 들여서 대형 로펌이라도 쓰고 싶었다. 단지 이 사건 하나에 대한 소송이 아니라, 그간 계속된 '자족시설 용도변경과 업체 특혜 의혹'의 악순환의 고리를 끊는 소중한 판례를 남길 수 있는 소송이기 때문이다.

"목적은 학교 용지를 찾아오는 것입니다. 그것 이상도 이하도 없습니다."

휘경학원이 제기한 두 개의 소송, 즉 경기도교육청에 제기한 자사고 설립 요구와 고양시에 제기한 사립초 변경 요구 모두 2017년, 2018년 휘경학원의 패소로 끝났다. 초등학교든 고등학교든 모든 학교 설립이 불가능해지면서 학교 부지를 돌려줄 수밖에 없는 상황이었다.

2019년 6월에는 요진개발이 제기한 부관무효확인 소송에서 고양시가 최종 승소했다. 이로써 고양시가 용도변경을 조건으로 기부채납을 내세운 것은 합법임이 확인됐고, 업무빌딩과 학교 용지를 받아낼 일만 남았다. 그러나 요진개발은 여전히 요지부동이었다.

먼저, 요진개발의 자금줄을 봉쇄했다. 600억 원의 근저당권을 잡아놓고, 기부채납 지연 손해배상금으로 네 차례에 걸쳐 280억 원 상당의 부동산을 가압류하며 거세게 압박했다.

게다가 2014년, 학교 용지를 요진개발에서 휘경학원으로 무상 증여했는데, 더는 학교 용지가 학교라는 용도로 쓰일 수 없게 되면서 휘경학원은 증여세를 내야 할 위기에 봉착했다.

결국, 요진개발과 휘경학원 그리고 고양시는 2020년 4월 "고양시에 학교 용지를 돌려주겠다"는 비공개 협약을 맺었다. 그러나 이마저 외부로 유출되고, 서울교육청에 "휘경학원의 증여를 도와주면 안 된다"며 민원을 제기하여 1년 이상 지체하도록 만들었다. 납득할 수 없었다. 학교 부지를 찾아오는 소송에 관한 일체의 내용을 보안에 붙이도록 조치했고, 마지막 등기가 완료될 때까지 의회에도 중요 내용은 자료 제출을 금지토록 조치했다. 재산권에 관한 업무협약은 시의회 동의 사항이고 선거를 앞둔 2010년 1월, 2012년 업무협약은 시의원들이 검토 심의하고 동의한 사항이었을 것이다. 게다가 1년 넘게 행정조사특별위원회를 만들어 조사했으면서 취임 초 10여 차례의 시정 질문이 있었다. 이제 취임한 시장에게 8년간 진행된 요진 사태를 책임지라고 말하는 시의회를 어떻게 바라봐야 하는지 난감했다. 행정조사특별위원회 처리 결과를 가져오라고 하자 결과보고서 채택이 없다고 보고했다. 난센스였다. 처리결과서도 채택을 안 하다니, 심지어 조사특위 위원을 지낸 의원들이 질문할 때는 상식적이라 생각할 수 없었다. 그것은 그 당시 시장들에게 할 질문이지 막 취임한 시장에게 던질 질문은 아니었고, 조사특위 활동 기간에 풀어내야 할 그들의 몫이었기 때문이었다. 할 수 없이 특위 활동 속기록을 다 읽어볼 수밖에 없었다.

땅을 확실하게 가져오기 위해 몇 달 뒤 휘경학원에 소유권 등기 이전소송을 제기했고, 이듬해 2월, 마침내 소유권 이전이 이뤄지면서 학교 용지를 둘러싼 5년간의 힘겨운 법적 분쟁이 일단락됐다. 업무빌딩을 받기 위한 소송은 1심은 이겼지만, 여전히 진행 중이며, 초과이득금을 분배하기 위한 소송도 진행 중이다. 아직 법정 싸움은 끝나지 않았다.

**10년 동안 의혹만이 제기됐던 '요진 사건'을 2년 동안 샅샅이 조사했다. 그 결과 60쪽이 넘는 감사보고서가 나왔다. 7명의 전·현직 공무원을 수사 의뢰했다. 주민을 위한 공공시설은 20년간 우회로만 돌다가 이제 고양시로 돌아왔다. 땅은 돌아왔지만 20년의 세월과 그동안 주민이 얻을 수 있었던 편익을 잃었다. 이 모든 것을 담아 손해배상 청구를 했다.**

06

# 일그러진 도시의 얼굴

고양시의 관문에 자리한 고양시 1호 자족시설 부지가 주택으로 변하고, 그것도 모자라 20여 년간 분쟁에 휘말렸다. 태어나지 말아야 할 것이 태어난 것이다.

공공은 시민 대신 살림살이를 맡아 한다. 재산과 권리를 누군가 가져가지 않도록 지키는 역할도 한다. 단순히 재산을 쓰지 않고 수동적으로 지키는 것이 아니라, 누군가에게 더 많이 특혜가 가지 않도록 분배하고 조율하고 활용하는 것이 공공의 임무다.

공공을 위해 쓰여야 할 땅을 가져가 개발 이익을 얻었으면 응당 일정 부분을 돌려주어야 한다. 이 명확하고도 간단한 원칙이 무시되어 각종 문제와 폐단을 낳았다.

종이에 적힌 것을 받아내는 데도 오랜 시간이 걸린 것은, 1차부터 3차까지의 협약서 어디에도 고양시 주도의 재산권과 소유권을 명확히 규정한 것이 없었기 때문이다. 한 번 잘못 채워진 단추는 끝까지 어긋났다.

까다롭다거나 지독하다는 말을 듣더라도 좀 더 심혈을 기울여 협약서를 봤으면 이렇게까지 고양시의 재산이 훼손되는 일은 없었을 것이다. 그러나 이 5년간의 법적 분쟁은 그동안의 무책임한 개발 행태에 큰 시사점을 주었다. 승리의 방점이 됐던 기부채납 무효확인 소송에서 재판부는 이렇게 판시했다.

"이번 판결이 향후 각 도시의 도시계획 변경과 기부채납 적정 여부를 판단하는 데 있어서 큰 반향을 일으키는 것은 물론, 도시학계에도 흥미로운 연구 주제가 될 것이다."

**시민이 본 고양시의 얼굴은 그저 일그러진 모습일 뿐이다. 그러나 도시의 일그러진 이 모습을 다시 반복하지 않기 위해 백서를 만들기로 했다. 전국 기초지자체와 의회에 꼭 읽도록 하고, 고양시 공직자 사무관 진급 시 필독서로 하고 싶은 마음이다.**

이익만을 좇는 자본 권력, 그리고 이 자본 권력에 자의든 타의든 타협하고 만 정치 권력과 공공이 만들어낸 참상과 그 악순환의 고리를 이제는 끊어야 한다. 편법과 탈법, 부정과 불의의 성공 신화는 더는 부러움의 대상이 될 수 없다.

# 제6장

# 주차장 앞 시장실

하루아침에 주차장을 잃어버린 서울 출퇴근 직장인들이 인근 골목에 무
단주차를 하자 일대에 주차 대란이 일어났다. 주민들이 거세게 항의했지
만, LH는 요지부동이었다. 2년간 주민들의 불편이 이어졌다. 협상은 쉽
지 않을 듯했다. 우리 쪽에서도 초강수를 던져야겠다는 생각을 했다.
아예 시장실을 삼송역 환승주차장 앞으로 옮기고 이곳에서 시위 아닌
시위를 시작했다.

# 국가에서 온 약장수, LH

약장수가 하는 설명만 들어도 병이 다 낫는 것 같다. 막힌 혈관이 뚫리고, 머리가 맑아지고, 노화가 멈추고, 무거운 몸이 가뿐해진다. 온갖 기대 효과를 담아 10만 원에 판다. 비싸지만 만병통치약이라니, 그 정도는 감수하고 산다. 그런데 먹어보니 효과는 눈곱만큼도 없다.

요즘 시대에 웬만한 사람은 길거리의 뜨내기 약장수 말은 믿지 않는다. 그런데 '나라에서 출장 나온 약장수'라고 하면 믿는다. 그게 LH(한국토지주택공사)다.

얼마 전, '역에서 10초 거리'라는 초역세권 아파트 분양 광고를 봤다. 집 안에서 화장실 가는 데도 10초인데, 대체 얼마나 빨리 걸어야 10초 만에 닿는 거리인가 하는 생각이 든다. 물론 이 광고를 곧이곧대로 믿는 사람은 없을 것이다.

그런데 LH가 말하면 그 무게감이 다르다. 자족시설에 지하철에 문화시설에, 온갖 좋은 도시 인프라를 모두 담아낸 가격으로 주택 분양가를 책정한다. 원가를 공개하라고 하니 그저 '있을 건 다 있는 알찬 주택'이라 남는 것이 없다고 둘러댄다. 국가기관이 하는 말이라 믿음이 간다. 분양을 받고 보니 주위엔 아무것도 없다. LH는 이미 막대한 수익을 챙기고 나서 쥐도 새도 모르게 떠난 뒤다. "도로와 지하철, 공공시설은 대체 어디 있느냐"고 따져 묻자 그런 건 지자체에서 설치해야 한단다. 실제로 관련 법률에는 LH의 기반시설 설치 의무가 한 줄도 쓰여 있지 않다.

개발 이익도 몇 푼 나눠 받지 못한 지자체는 뒤통수를 맞는다. 졸지에 수천억 원대의 기반시설 설치 책임을 떠안는다.

LH는 이미 손 털고 떠나고, 모든 항의와 비난은 지자체로 돌아온다. 사실 주민 처지에서는 기반시설을 LH가 설치하든, 지자체가 설치하든 중요하지 않다. 그저 설치만 해주면 될 뿐이다.

입주자들은 어서 기반시설을 마련해달라며 시청으로 몰려와 항의한다. 주민을 외면할 수 없는 지자체는 울며 겨자 먹기로 빚이라도 내어 기반시설을 설치한다. 그렇게 뒤통수 맞은 도시 중 하나가 고양시다. 아마 수십 번은 맞았을 것이다.


1990년대 초, 고양시는 LH와 일산 신도시 개발 당시부터 끈끈한 애증 관계를 이어왔다. 현재도 고양시에는 삼송, 원흥 등 LH가 주도하는 6개의 택지개발사업이 진행되고 있다. 모두 7만 세대, 어림잡아 20만 명 이상이 입주하는 상당한 규모의 개발이다. 그런데 택지개발지구 내 복지관, 어린이집, 체육관, 도서관, 차고지 등 52개 기반시설을 만드는 일은 고스란히 고양시의 몫으로 남겨졌다. LH가 설치를 안 하고 떠나면 그만이기 때문이다.

건물은 그렇다 해도, 이 시설을 지을 땅까지 LH로부터 사 와야 한다. 4천억 원 넘는 토지매입비가 들고, 여기에 건축비도 수백억 원이 든다. 모두 1조 원 가까운 부담을 고양시에 떠넘긴 것이다. 이 부지를 매입하지 않으면 연 5% 수준의 이자까지 내야 한다. 부지 하나만 해도 하루 400만 원이 넘는 이자가 나간다.

주민 삶에 없어서는 안 될 소방서, 지구대, 행정복지센터 부지까지도 돈을 내고 사야 했다. 법령에 따르면, LH는 소방서가 아닌 소화전만 설치하면 된다.

심지어 공공 청사를 '원상회복'할 때도 이 원칙은 똑같이 적용됐다. 누가 급히 전화할 데가 있다고 해서 휴대폰을 빌려줬는데 돌려달라고 하니 비용을 지불하라고, 그것도 새 제품 가격을 내고 가져가라고 하면 어떨까. 바로 그 모양새였다. 택지를 개발하면서 그 지역에 있던 동 행정복지센터가 잠시 근처로 내쫓겼는데, 다시 원래 위치로 옮겨달라고 하니, 그럼 땅을 우리한테 다시 사서 직접 지으라고 한다. 아무리 좋게 생각해도, 공공개발이 아니라 땅장사라고밖에는 볼 수 없다.

그뿐만 아니다. LH는 국가기관이기에 지자체 의사와 상관없이 땅을 강제로 수용할 수 있고, 땅의 용도까지도 마음대로 주무를 수 있다. 개발사업에서 오피스텔이나 쇼핑몰은 땅을 빠르게, 그리고 비싼 값에 팔아넘길 수 있는 가장 손쉬운 방법이다.

LH는 공공개발이라는 이름으로 땅을 싼값에 수용하고, 수많은 자족시설 부지를 주택단지로 변경해 팔았다. 지자체에 기부채납을 하겠다며 벤처기업, 도시형 공장, 연구소, 문화시설 등으로 구색을 갖춘 후, 나중에는 이들 기관 유치가 여의치 않다는 이유로 주거·상업 단지로 바꾸어 버리고는 민간에 매각해 차익을 톡톡하게 남긴다. 민간사업자가 이렇게 했다면 특혜에 비리 의혹으로 뭇매를 맞을 일이다.

현재 원흥지구에 들어선 이케아의 경우, 이 부지는 애초 상업시설이 들어설 수 없었다. 그러나 유통판매시설 용도를 추가 허용해 사실상 판매시설로 매각했다.

이것이 지난 수십 년간 일삼아온 LH의 주택개발 방식이다. 개발이익은 LH가 거둬가고, 모든 부담은 지자체가 떠안는다. 물론 법적 문제는 없다. 우리 법령은 아직 개발 친화적이기 때문이다. 그러나 합법성이 곧 정당성을 부여하는 것은 아니다. 명분은 주거 안정이지만, 내용을 들여다보면 땅장사인 이 공공개발을 결코 정당하다고 할 수 없다. 우리 사회가 오랫동안 지켜온 약속인 수익자 부담의 원칙마저 어겼다.

과거 '땅장사'를 하던 토개공, '집장사'를 하던 주공이 만난 LH는 공공이라는 권력까지 지닌 무소불위의 사업자다.

지자체는 을의 처지다. 선택의 권한도 없다. 국토 전체를 효율적이고 합리적인 계획하에 신속하게 개발한다는 명목 하에, 각 지역 도시공사가 아닌 LH가 전국의 모든 개발사업을 손에 꽉 쥐고 있다. 무엇보다 LH는 '그 지역의 이익'을 대변하는 존재가 아니다. 지자체는 자신들의 땅임에도 의견을 낼 권한이 없다. 이미 저울은 기울어져 있다.

자족시설과 기반시설 없이 주택만 무분별하게 공급하는 LH의 개발 방식은, 밥만 잔뜩 주고 반찬은 알아서 사 먹으라고 하는 반쪽짜리 급식과 같다. 결과적으로 도시의 기초 체력은 약해졌다. 자족시설이 주택으로 변해 베드타운 현상이 깊어지고, 기반시설이 부족해 재정 부담이 가중되고, 주민 삶의 질은 떨어졌다.

민간사업자보다 더한 이 막무가내 개발 방식에 기회가 되면 꼭 한 번 경종을 울려야겠다고 벼르고 있었다. 그 기회가 생각보다 빨리 찾아왔다.

# 02

# 약장수 vs 환수꾼

사실 나는 경기도의원 시절부터 LH와 그리 사이가 좋지는 않았다. 내 전문분야는 정부나 지자체의 '눈먼 돈'을 환수하는 일로, 온갖 법령에 필요하다면 원가내역까지 하나하나 계산기로 두들기며 부당하거나 과다하게 책정된 비용을 찾아낸다. 경기도 공무원들에게 지독하다는 말도 많이 들었다. 나의 이 끈적한 감시망에 여러 번 포착된 단골이 LH였다.

LH가 분양 전 잠시 소유하고 있는 중형아파트 3만여 가구에 대해, 법의 맹점을 이용해 취득세를 납부하지 않았다는 사실을 발견하고 지방세특례제한법 32조와 76조의 상충을 해소하는 법령 개정을 촉구해 법 개정을 끌어냈다. 덕분에 경기도는 연간 800억 원의 추가 세수를 확보했다.

경기도 LH사업지구 내 기반시설 설치비 미집행 1조 원을 집행토록 촉구해 380여억 원에 달하는 삼송택지지구 기반시설설치비 전액을 LH

가 납부하도록 했고, 아파트 가격 하락과 미분양 속출로 오산 세교지구, 남양주 다산지구, 파주 운정지구, 고양 풍동2지구 등에서 추진하고 있던 LH마저 사업 철수를 결정하자, 보상을 기대하고 대토를 결정한 피해 주민들이 운정지구에서만 다섯 명이 자살하는 등 피해가 속출하자 2012년 'LH의 사업 포기지역 주민피해 지원에 관한 조례'를 만들어 고양 풍동2지구와 파주 운정지구 사업 계속 추진을 끌어냈다.

또 LH가 분양 원가를 절대 공개하지 않기로 유명한 만큼, 300세대 이상 임대아파트의 분양 원가를 투명하게 공개할 것을 권고하는 조례안도 발의했다. 나에 대해 감정이 좋을 리가 없었다.

시장 취임 후에는, 그동안 벼르고 있던 LH의 개발이익 환수에 본격적으로 팔을 걷어붙였다. 첫 업무보고에서 이렇게 선언했다.

**"LH 개발사업과 관련하여 앞으로는 고양시의 입장을 분명히 관철하겠습니다. 기반시설이 갖춰지지 않는다면 가능한 모든 권한을 동원해 입주승인을 불허하고, 용도변경도 막겠습니다."**

**신임 시장이 취임하자마자 뜬금없이 LH와 투쟁한다고 나서니 직원들의 시선이 곱지만은 않았다. 정치인이라고 또 쇼하는 거 아니냐고 고깝게 생각하는 사람도 있었을 것이다.**

사실 보여주기식을 원한다면 고양시보다 덩치가 훨씬 큰 국가기관이 아니라 더 작고 만만한(?) 상대를 괴롭혔을 것이다. 아니면 사람 많이 모이는 시장이나 행사에 가서 만찬이나 하고 그럴듯한 지원이나 약속했을 것이다. 수십 년간 지자체들은 국가기관이라는 이유로 LH의 막무가내 개발에 이리저리 끌려다녔다. 정면으로 맞서서 제 목소리를 낸 것은 고양시가 처음이었다. 나는 고양시에서, 그리고 그동안 휘둘려온 모든 지자체에서 이것만큼 굵직하고 시급한 현안은 없다고 확신했다. "법에서 정한 국가 개발이니 어쩔 수 없으며, 그만큼 다른 지역에 이익으로 돌아갈 것"이라는 항변을 들을 때마다 나는 이렇게 대답했다.

"고양시 안에서 이뤄지는 모든 개발은 고양시민의 이익을 가장 먼저 대변해야 합니다. 그런데 지금 이 개발로 이익을 얻은 건 빚만 더 늘어난 고양시인가요? 아니면 기반시설 없는 지역에 이사 온 입주자들인가요? 고양시 안에는 이득 본 사람, 아무도 없습니다."

개발사업으로 고양시에는 피해자만 남았다. 이득을 본 것은 LH뿐이다.

# 03

# 한 달간의 투쟁

고양시와 LH간 갈등의 골이 가장 깊은 곳은 택지개발지구 6곳 중 가장 먼저 개발이 시작된 삼송신도시였다. 삼송지구는 1기 일산 신도시 이후 최대의 택지개발로, 총 6만 명이 입주하기로 되어 있다.

14년 전 고양시의 청사진이 되었던 삼송지구 자족시설은 사막의 신기루처럼 사라졌다. 용도변경 때문이다. 지난 14년 동안 LH는 무려 25번이나 독단적으로 삼송지구의 개발계획을 변경했다. 애초 계획보다 주택 수를 60% 늘렸다. 주거부지는 다른 땅보다 비싼 값에 팔 수 있는 까닭에 LH는 3,600억 원이라는 막대한 이익을 챙겨갔다.(고양시정연구원의 〈공공개발사업 계획이익의 합리적 공유 방향 연구〉 결과)

영상미디어 기업을 키우기 위한 브로맥스도 애초 삼송지구에 계획돼 기대를 모았지만, 사업 신청이 부진하다는 이유로 LH는 부지 절반을 스타필드 고양에 팔아넘겼다. 나머지 절반은 주거용 오피스

삼송지구 민원현장을 찾은 필자

텔 부지로 매각했다.

2014년에는 도시형 공장, 벤처기업, 연구소, 공연장 등이 들어와야 할 자족시설 부지 중 아직 팔지 못한 곳에 오피스텔 건축을 허용했다. 그 결과 신도시의 요충 부지에는 엉뚱하게도 4,400여 세대의 주거용 오피스텔이 들어서게 됐다.

**자족시설뿐 아니라 기반시설도 부족하긴 마찬가지였다. 6천여 주민들이 속속 입주한 삼송지구는 아파트만 곳곳에 돋아나 있을 뿐, 기반시설이 있어야 할 부지들은 듬성듬성 휑한 공터로 남아 있었다. LH가 약속한 기반시설이 아무리 기다려도 설치되지 않자, 삼송지구 주민들은 왜 약속을 지키지 않느냐며 시청에 찾아와 시위를 벌였다. 모든 비난의 화살이 고양시로 날아온 것이다.**

그러나 예산은 한정돼 있으니 효율적으로 배분해야 한다. 가뜩이나 재정이 열악한데 한 해 예산의 20%에 달하는 수천억 원을 갑작스레 충당하기는 어려웠다. 수십 년 소외됐던 외곽지역, 구도심의 기반시설을 만드는 데 쓰여야 할 예산이 지어진 지 몇 년 되지 않는 택지개발지구로 돌아가는 것이 맞는지 물었을 때, 과연 어떻게 답할 것인가? 두 지역의 주민들 모두 서로를 이해할 수 없는 것이 당연하다.

본격적으로 갈등이 시작된 것은 작은 '도로' 때문이었다. 취임 한 달 후, 삼송지구를 처음 찾았다. 도로가 끊겨 있다는 주민 수십 명의 민원 때문이었다. 현장에 가서 보니 높낮이가 다른 두 도로 사이에 두꺼운 옹벽이 을씨년스럽게 서 있었다. 마치 삼송신도시와 구도심을 갈라놓은 장벽 같았다.

사연은 이랬다. LH가 지하철역에서 대형 쇼핑몰로 가는 도로를 새로 개설했는데, 새 아파트들에 도로 높이로 맞추다 보니 기존 마을 진입로보다 사람 키만큼 높아져 버렸다. LH는 신도시와 기존 마을 도로를 연계하지 않고 사이를 옹벽으로 막아버렸다. 졸지에 진입로가 막혀 먼 거리로 우회하게 된 주민들의 통행 불편은 물론, 벽에 무단으로 버려지는 쓰레기로 인해 인근 주민들은 몸살을 앓았다.

이 단절된 구간 40미터 가량을 연결하는 데 18억 원이 들었는데, LH가 보상을 거부해 5년 동안이나 대립각만 세우고 있는 상태였다. 직접 발품을 뛸 수밖에 없었다. LH 고양사업본부장을 만나 강력하게 보상을 요구하고, 국토교통부에도 협조를 구하며 이리저리 돌파구를 찾았다. 그 결과, 5년 동안 풀지 못한 문제를 한 달 만에 매듭지을 수 있었

삼송역 환승주차장에 설치된 현장 집무실

다. LH에서 연결도로 개설 공사비 전액을 지원하기로 합의했다.

문제는 해결했지만, 이는 산적한 문제 중 하나일 뿐이었다. 정당한 보상 18억 원을 받아내는 데 5년이 걸렸는데, 개발이익 수천억 원을 환수하는 건 얼마나 어려운 일이 될까, 하는 생각이 들었다.

갈등의 폭발은 2018년 여름, LH의 일방적인 주차장 폐쇄 결정이 었다. LH는 삼송지구를 개발하면서, 6만 명 인구가 빚어내는 출퇴근 길 정체를 해소할 교통대책으로 지하철역 앞에 환승주차장을 만들 어 2014년 무료로 개방했다.

이 환승주차장은 일반주차장과 달리 서울로 출퇴근하는 주민들이 차를 세워놓고 대중교통으로 갈아탈 수 있도록 배려하는 '필수 기반시설'이었다. 비록 LH가 주차장을 꼭 설치해야 할 법적 의무는 없지만, 개발사업자가 벌어가는 이익금으로 고양시민에게 응당 돌려주어야 할 최소한의 도의적 의무였다. 애초 약속한 390면보다 절반 이상 줄어든 184면 규모였지만, 주민들은 이것도 감지덕지하며 이용했다.

그런데 4년 뒤, LH는 이 주차장마저 매각해 유료화하겠다고 밝혔다. 국토부에서조차 그대로 놔두자고 했지만, LH는 기어코 매각을 강행하겠다는 의사를 보였다. 이어서 고양시와 협의도 없이 일방적으로 주차장을 폐쇄했다. 어차피 팔 주차장이고, 주차장에서 사고와 쓰레기 투기도 잦다는 이유였다. LH가 부른 주차장 가격은 157억 원이었다. 시 입장에서는 터무니없는 고가였다.

만약 민간에 매각되어 민영주차장이 된다면 인수 업체는 투자비를 회수하기 위해 비싼 요금을 받을 수밖에 없고, 결국은 주민 부담만 커질 것이다. 이런 사정을 내다본 속셈으로 주차장 문을 닫아버리고 '곤란하면 부르는 가격 내고 사가라'는 식의 배짱을 부린다는 생각밖에는 들지 않았다.

하루아침에 주차장을 잃어버린 서울 출퇴근 직장인들이 인근 골목에 무단주차를 하자 일대에 주차 대란이 일어났다. 주민들이 거세게 항의했지만, LH는 요지부동이었다. 2년간 주민들의 불편이 이어졌다. 협상은 쉽지 않을 듯했다. 우리 쪽에서도 초강수를 던져야겠다는 생각을 했다. 아예 시장실을 삼송역 환승주차장 앞으로 옮기고 이곳에서 시위 아닌 시위를 시작했다.

시장실은 몽골 텐트 안에 책상 하나를 설치하고, 집무실이라는 현수막 하나만 붙이면 족했다. 이곳에서 매일 반나절 정도 업무를 보고, 나머지 시간에는 1, 2부 시장도 교대로 근무하기도 했다. 요구사항은 하나였다.

"개발이익 일부 환원 차원에서 고양시에 주차장을 무상임대하고, 장기적으로는 고양시로 돌려달라."

LH에서 답이 올 때까지 절대 철수하지 않을 생각이었다. 그렇게 며칠, 몇 주가 지나고 집무실은 '동네 사랑방'이 됐다. 이곳에서 공무원들과 간부 회의를 하며 주차장뿐 아니라 개발이익 환수를 위한 대책을 논의했다. 지역구 의원과 시의원, 지역 인사, 시민단체, 주민 등이 찾아와서 따뜻한 격려의 말을 건넸다. 삼송동 주민들은 주변에 20여 개 현수막을 붙여 소리 없는 응원을 보냈고, 합심해 궐기대회를 열기도 했다.

일각에서는 오히려 고양시가 갑질을 한다며 비난했다. 법에 없는 기반시설을 요구한다는 것이었다. 주차장법상 지자체 조례로 정하는 일정 면적 규모만 갖춘다면 현행 법령상 LH가 고양시에 주차장을 무상 제공할 근거는 없고, 조성원가 이하로 매각할 의무도 없다는 것이다. 비록 법에 사각지대가 있는 상황이지만, 그런데도 감사원에서는 공공기관으로서 LH의 책임을 일부 인정한 바 있었다.

"택지개발로 인한 각종 공공시설은 지자체에 조성원가 이하로 공급하도록 하고, 개발 시 지자체 의견을 사전에 최대한 수렴·수용함으로써 기반시설 부족으로 인한 난개발이 없도록 하라"고 방침을 내린 바 있다.

무엇보다 '현장 집무실 시위'는 단지 주차장 개방을 위해서만이 아니라, 고양시 내 개발이익 전체에 대한 항의이자 요구였다.

# 04

# 다시 돌아온 주차장
# 그리고 상생협약

시위를 벌인지 한 달 만에 LH에서 결국 손을 들었다. LH는 환승주차장을 다시 개방했다. 비록 고양시에 1년간 무상 임대하는 방식으로 다시 문을 연 것이지만, 수년 동안 꿈쩍도 하지 않던 LH가 움직인 데 의미가 있었다.

임대계약 만료를 앞두고 주차장을 아예 사들이기로 했다. 마음만큼은 무상으로 환수받고 싶었지만, 현실적으로 다른 지자체와의 형평성 때문에 LH가 고양시에 무상으로 주차장을 제공하기는 어려울 것이라는 판단이었다. 다만 LH에서 요구하는 고가에는 주차장을 살 수 없었다. 강경한 태도를 고수하며 계속 협상을 벌였다. 결국, LH는 애초 요구한 157억 원에서 크게 후퇴하여 40% 수준인 63억 원에 해당 부지를 팔겠다고 자세를 낮췄다.

협상은 주차장에 그치지 않았다. 고양시와 LH 간에 더욱 광범위한

다시 개방된 삼송역 환승주차장

협약을 통해 앞으로 개발이익을 어떻게 환원할 것인지 구체적 약속을 끌어냈다.

그 결과 LH와 개발사업 '상생협약'을 맺었다. LH가 고양시에서 시행하는 각종 사업과 관련된 도로, 철도, 환승시설, 차고지 등 대중교통을 확충·정비하고, 주민 편의시설 조성에 적극적으로 협력하기로 했다. 또 향후 조성될 창릉 신도시의 철저한 광역교통 개선 대책은 물론, 대중교통 이용 활성화를 위해 삼송·지축·원흥역 환승시설 설치 등 광역교통 개선 대책 사항을 준수하기로 했다.

일련의 협약이 서류에 그치지 않고 실제로 이행되는지 점검하기 위해 TF팀을 구성해 상시 운영하는 등 소통 기능을 강화하기로 했다. 다시 찾은 삼송역 환승주차장 부지는 온전한 고양시 소유가 된

만큼, 주차장 외에 그동안 부족했던 주민 편의시설까지 국비를 유치해 설치하기로 했다. 정부 생활 SOC 공모를 통해 국비 40억 원을 확보하고 시비 180억 원을 보태어 문화·체육시설을 짓게 됐다.

환승주차장 부지에는 주민들이 가장 원했던 수영장을 포함해 8층 규모의 체육센터를 짓고, 인근 LH가 지정해 놓은 삼송복합문화시설 용지도 부족한 공공 부지 확보 차원에서 선매입을 완료했다. 공연장, 전시장, 체육시설 등의 문화시설과 공공 기능을 갖춘 복합공간으로 활용키로 했다. 이어서 3,600억 원의 개발이익 중 523억 원을 LH에 개발부담금으로 부과함으로써 갈등은 어느 정도 일단락됐다.

이렇게 고양시에서 쏘아올린 작은 공은 파주, 화성 등 LH 개발 행태로 고통받고 있던 다른 지자체들을 움직이게 하는 계기가 됐다.


삼송역 주차장에 시장 집무실을 연 것은 작은 시도였다. 더 큰 시도를 하기 위한 예행연습이랄까. LH는 덕은지구 개발사업부지 중 한 필지를 주택사업이 아닌 도시개발사업으로 하여 막대한 수익을 챙겼다. 그런데도 불구하고 원종 홍대선의 덕은역 신설은 안중에도 없었다.

그 이익금을 받아내기 위해 선례를 만들어본 것이고, 본격적인 싸움은 덕은역 신설이 될 것이다. 시가 추산하건대 2,500억 원 이상의 개발이익을 남겼을 것이니 그 이익금 중 일부인 1,000억 원 정도를 덕은역 신설에 투자해 도시의 가치를 높여달라는 것이다. 이 일에 대해서는 이미 언론 보도를 통해 덕은역 추가 신설은 LH가 부담하라며 공을 넘긴 상태다.

주민을 외면하는 도시개발은 지속할 수 없다. 그 주체가 국가기관이라도 마찬가지다. 주민들이 원하는 것은 '사람이 살 수 있는' 도시다. 이 본질에 충실하지 않고서는 어떤 개발도 정당성을 부여받지 못할 것이다.

# 제7장

# 끝나지 않은 10년 전쟁

10년 전쟁은 소송이라는 또 다른 지루한 싸움의 장으로 이어지게 되었다. 이 싸움은 언제 끝날지 알 수 없고, 또 패소할 경우 경기도와 3개시가 입을 타격과 비난도 적지 않은 상황이다. 그러나 진정한 안전은 도둑질한 사람을 잡아넣는 것이 아니라, 도둑질할 환경을 만들지 않는 것이다. 고양시는 그 환경을 만들지 않기 위해 끝나지 않은 싸움을 계속하려 한다.

# 버스 차비보다 비싼 통행료

"시장님, 혹시 운전면허는 갖고 있으세요?"

주변에서 이렇게 물어볼 때가 있다. 공식 일정이 없을 때는 무조건 버스를 타고, 지인들과 늦은 밤 헤어지고 나서도 버스나 택시를 타고 간다며 사라지니, 저 양반이 대체 지독한 버스 애호가인지, 아니면 운전면허가 없어서 그런지 궁금했다고 한다.

버스는 경제적 부담도 적거니와 아무리 바쁜 일정에서도 이것저것 생각할 여유시간을 누리게 해주는 참 좋은 교통수단이다. 2010~2018년, 고양시에서 경기도의회까지 출근하던 8년 동안에도 화정 고속버스터미널에서 첫차를 탔다. 시외버스 요금이 왕복 1만 2천 원으로, 요금만 보면 기름값과 큰 차이가 나지 않지만, 고양시에서 한강을 넘어 수원으로 가는 길에 드는 통행료를 생각하면 자가용 운전이 훨씬 큰 비용이 들었다.

**고양시에서 출발해 수원을 가려면 한강을 건너는 데 통행료만 5천**

고양과 김포를 연결하는 일산대교 전경

**원이 든다. 버스에서 사색할 기회를 포기한 채 통행료를 내고 운전을 해야 할지 고민하게 만드는 큰 비용이다.**

어느 주말인가 조금 늦어 화정에서 여의도로 향하는 택시를 탔다. 택시는 한강을 가로지르기 위해 마포대교로 향했다. 문득, 서울에 있는 한강 다리에는 요금소가 없다는 사실이 새삼스레 눈에 보였다.

하부에도 수십 번 이 다리를 오갔을 기사님에게 물었다.

"마포대교 건널 때 통행료 받으면 어떨 것 같으세요?"

그러자 기사님은 웬 한심한 질문을 하느냐는 투로 대답했다.

"아니, 이 다리 건너가는 데 2분도 안 되는데 뭐 건져먹을 게 있다고 돈을 받아요? 그건 요 앞에 육교 건너는 데 돈 받는 거랑 똑같은 거예요."

같은 대한민국 하늘 아래에서 똑같이 한강을 건너는데도, 어떤 사람은 돈 내는 것을 당연하게 받아들이고 어떤 사람은 돈 안 내는 것을 당연하게 받아들인다. 이 모순은 한강 27개 다리 중 유일하게 통행료를 받는 일산대교에서 시작됐다.

1천만 인구 서울에는 마포대교, 양화대교 등 27개의 한강 다리가 촘촘하게 놓여 있지만, 합하면 인구 200만 명인 고양(일산)·파주·김포에는 일산대교 단 하나밖에 없다. 행주대교라는 또 다른 다리가 있긴 하지만, 이마저 서울시에 치우쳐 있어 사실상 고양·파주시민이 한강을 건너 김포권으로 갈 방법은 일산대교뿐이다. 남들 다 공짜로 건너는 다리를 200만 주민들만 돈 내고 건너는 이유는 일산대교가 민자도로이기 때문이다.

도로는 누구나 이용할 수 있는 공공재이기 때문에 국가, 지자체 등 공공이 건설해야 한다. 하지만 예산이 한정된 상황에서 수천억 원이 투입되는 도로를 주민들이 요구하는 대로 모두 설치하기는 어렵다. 그래서 공공은 민간의 힘을 빌리는 민자도로를 도입하기 시작했다. 민간업체가 초기에 자본을 들여 도로를 건설하는 대신, 20~30년간 운영권을 주어 통행료로 투자 비용과 수익을 알아서 회수해가도록 하는 방식이다.

민자도로라고 해서 공공재라는 도로의 본질이 사라지는 것은 아니다. 공공재는 이용요금이 유료냐 무료냐, 자본 출처가 민간이냐 공공이냐에 따라 결정되는 것이 아니라 수혜 대상의 보편성에 따라 결정되기 때문이다. 그러나 공익을 최우선으로 하는 공공재를 사익을 1순위로 하는 민간이 손대려 하는 순간, 어떤 형태로든 모순과 갈등은 일어날 수밖에 없다.

민자 사업 대부분은 초기에 천문학적인 건설 비용이 들고, 투자금 회수에도 오랜 시간이 걸리기 때문에 민간업체 입장에서 썩 수익률 좋은 투자는 아니다. 그러나 민간업체는 한번 투자에 뛰어든 이상 손실을 호락호락 감내하지 않는다. 주어진 기간 안에 어떻게든 원금을 회수하고 최대한의 수익도 올리기 위해 통행료를 인상하려는 유인이 매우 크다. 결국, 초기의 막대한 비용 부담은 폭탄 돌리기를 거듭하다가 이용자인 주민들에게 고스란히 전가되는 것이다.

당장 예산 부담을 줄이기 위해 민간의 자본과 아이디어를 빌려 더 효율적으로 도로를 건설하는 민자 사업은, 본래의 그럴듯한 목적을 잃은 채 배보다 배꼽이 큰 사업이 되어버렸다. 시민들에게 과중한 교통 비용을 안겨 민간의 배만 불리는 구실 좋은 수단이 되어 표류했다.

특히, 다른 대체도로가 없이 한강 이동권을 독점한 일산대교에서 이 모순은 가장 극심한 형태로 나타났다. 단 2분 건너는 데 왕복 2,400원이라는 비싼 통행료를 매긴 것이다.

# 02

# 일산대교 10년 전쟁의 서막

2021년, 일산대교에는 두 가지 사상 초유의 사태가 일어났다. 하나는 10년 동안 통행료 횡포를 거듭한 일산대교(주)에 대한 사상 초유의 공익 처분이고, 또 하나는 이렇게 무료화된 일산대교가 불과 보름 만에 다시 유료화된 것이다.

"우리가 되찾은 것은 통행료가 아니라 교통권입니다. 더 이상의 불합리한 차별과 관행을 거두어달라는 엄중한 선언입니다."

2021년 10월 27일, 일산대교 요금소 앞에서 한강 유일의 유료다리 일산대교의 무료화를 선언했다. 이른 아침 불어오는 매서운 한강 바람을 맞아 선언문을 읽는 입술은 부들부들 떨렸지만, 마음은 벅찼다. 경기도와 고양·김포·파주 3개 자치단체가 일산대교(주)가 갖고 있던 민자도로 운영권을 강제로 회수하는 사상 초유의 공익

고양시·김포시·파주시 일산대교 무료화 공동 기자회견

처분을 내린 것이다.

10여 년간의 팽팽한 줄다리기를 놓고 줄을 끊어버린 이번 처분을 두고 일각에서는 포퓰리즘으로 호도하기도 했다. 그러나 포퓰리즘이라는 말 자체가 오히려 주민들의 10년 염원과 잃어버린 교통권을 외면하는 행위였다. 지난 10여 년간 비싼 통행료로 원성을 사면서도 요금을 인하하기는커녕 주민들을 농락하듯 두 차례나 요금을 인상하면서 협상 테이블에는 얼굴도 비추지 않은 일산대교㈜를 향해 날린 최후의 수단이었다.

시민들 역시 환호했지만, 10년 이상 통행료를 내는 데 익숙해져 있던 시민들은 듣고도 믿지 못했다. 무료화됐다는 사실을 모르고 요금소 앞에서 한참을 기다리기도 했다. 그러나 **기쁨도 잠시, 한 달도 되지 않**

아 일산대교는 다시 유료화됐다. 일산대교 운영을 맡은 일산대교㈜가 공익처분을 멈춰달라는 취지의 집행정지 소송을 제기했고, 법원이 일산대교㈜의 손을 들어준 것이다. 나는 망연자실했다. 그렇게 10년 전쟁은 또다시 진행 상태로 전환됐다. 끝나지 않는 일산대교 전쟁의 서막은 다름 아닌 2009년 개통 당시부터였다.

고양·파주·김포를 통칭하는 경기 서북부는 1기 신도시 등 단기간에 대규모 택지개발을 거듭하면서 폭발적으로 성장했다. 1990년에 불과 70만이던 3개 도시의 인구는 8년 뒤 150만 명으로 두 배까지 치솟았다. 급증하는 인구에 비해 상권, 문화시설, 일자리 등 인프라는 턱없이 부족했다. 3개 도시 주민들은 필요한 인프라를 찾아 도시 경계를 넘어 이동하면서 거대한 생활권역을 형성하기 시작했다. 특히 고양·파주에서 인천공항이나 강화까지 가려면 꼭 김포를 거쳐가야 하는 만큼, 3개 도시는 서로 불가분의 관계였다.

그러나 고양·파주와 김포 사이에는 거대한 장벽이 하나 있다. 바로 한강이다. 당시 한강을 건너는 유일한 다리였던 행주대교는 너무 멀고 불편했다. 고양시 일산에 사는 주민이 김포 장기동에 갈 경우, 직선으로 단 2분 거리를 무려 20분 이상 돌아가야 했다.

불편을 겪는 주민들의 민원이 빗발치자 경기도는 고양·파주와 김포를 연결하는 한강 교량 건설을 더는 늦출 수 없었다. 하지만 공교롭게도 1997년 IMF 사태가 발생하고 국가 재정이 고갈되며 대규모 토건 공사가 불가능해졌다.

일산대교를 건설할 여력도, 예산도 없던 경기도는 결국 민간의 손을 빌리기로 했다. 1998년 경기도는 민자 사업으로 일산대교를 건설하겠다고 발표했다. 경기도가 만드는 최초의 교량이었다. 현대건설, 대우건설 등 다섯 개 건설사가 일산대교(주)를 설립해 뛰어들었다. 이것이 일산대교 건설의 배경이다.

일산대교는 2008년 완공됐다. 이듬해 개통을 앞두고 요금이 1천 원으로 책정되자, 다리 하나 건너는 데 1천 원이 웬 말이냐며 주민들의 불만이 빗발쳤다. 다른 민자도로와 비교해봐도 비쌌다. 당시 1km당 통행료가 일산~퇴계원 간 민자도로는 110원, 일산대교는 550원으로 무려 5배나 높았다.

그러나 당시는 국민 누구나 나라의 어려운 재정 상황을 걱정하고 고통을 분담하던 시기였다. 또 먼 김포대교로 돌아가야 하는 고통이 해소된 것만으로도 감지덕지한 주민들은 한강 유일의, 그것도 매우 비싼 유료도로 탄생을 용인했다.


일산대교(주)는 30년간 일산대교를 운영하고 통행료를 징수할 수 있는 권한을 갖게 됐다. 그런데 개통한 지 1년도 지나지 않은 2009년, 국민연금관리공단이 일산대교(주)를 전격 인수해 일산대교의 실질적 운영권을 갖게 됐다. 당시 국민연금관리공단의 일산대교 인수를 반가워하는 이들이 많았다. 국민연금관리공단이 공공기관이다 보니 민간기업보다 더 큰 이익을 가져가려고는 하지 않을 것이고, 그렇게 되면 통행료 인하도 기대해볼 만했기 때문이다. 그런데 국민연금관리공단은 일산대교를 인수한 지 불과 반년 만에 오히려 통행료를 100원 인상했다.

이 '단돈 100원'이 국민연금관리공단의 이상한 투자를 조목조목 뜯어보게 된 최초의 발단이었다.

# 03

# 최초의 제안

2011년, 경기도의원 활동 당시 경기 북부와 남부의 불균형한 교통인프라는 꼭 풀어야 할 숙제였다. 남부는 수십 개의 도로와 철도가 쭉쭉 그어진 도화지였다면 북부는 거의 백지였다. 그나마 있는 북부 광역도로는 민자도로가 대부분으로 남부보다 높은 통행료를 감수해야 했다. 남부 주민보다 북부 주민이 월평균 40만 원의 교통비를 더 지출하고 있는 실정이었다.

이 불균형한 교통비용의 결정체는 서울외곽순환도로(지금의 수도권 제1순환고속도로)였다. 서울외곽순환도로는 서울 시내를 거치지 않고 큰 원을 그리며 수도권 바깥쪽을 순환하는 도로인데, 기이하게도 이 도로를 북부와 남부로 나눠 북부 구간은 민자사업, 남부구간은 국가사업으로 건설했다. 결국, 북부 구간 통행요금은 남부보다 평균 2.6배 비쌌고, 그중 고양시 구간 요금은 남부의 10배에 달했다.

2007년, 내 돈 내놓으라며 통행료 인하 운동의 포문을 열었다. 서울외곽순환도로 북부 구간 6개월 운영수익 47억 원을 국토부가 환수했다는 보도가 나왔다. 즉각 반발했다.

"그것은 국토부가 가져가야 할 돈이 아니라 비싼 통행료를 내고 다닌 이용자들의 몫이니 돌려주든가 아니면 통행료 인하에 사용해야 한다."

그래서 최초 통행료 5,200원이 4,300원으로 900원 인하되는 계기가 됐다. 또 남부 구간 북부 구간 모두 국가사업이었는데 IMF로 돈이 없어서 민자사업으로 했으면 재정이 넉넉한 지금은 국가가 인수하든지 아니면 남북이 통행료를 같게 해달라며 통행료 인하 운동을 전개했다.

많은 이들이 한마음으로 서울외곽순환고속도로 통행료 인하 운동에 참여했고, 나 역시 고가 통행요금에 부풀려진 공사원가도 한몫하고 있음을 지적했다. 통행료 인하 촉구, 부당이득금 반환청구 소송, 민자도로 부가세 면제 촉구, 국토부장관 고발, 수차례 도정 질의, 경기도 외곽순환도로 통행료 인하 대책위 구성 등. 2018년 4월, 결국에는 북부 구간 요금 33% 인하가 결정되면서 8년 투쟁의 결실을 거뒀다.

**또 하나 남은 숙제는 일산대교의 불평등한 요금문제 해결이었다. 일산대교의 비싼 통행료에 대한 관심은 국민연금관리공단이 갑작스럽게 인상한 통행료 100원에 대한 관심에서 시작됐다.**

당시 많은 사람이 '경기 북부 차별', '교통권 회복' 등 서울외곽순환도로 통행료 인하를 요구하는 목소리를 냈다. 그런데 가슴으로 외치는 뜨거운 호소와 추상적 구호가 난무하는 가운데 정작 통행료가 왜 비싼지, 무엇이 잘못됐는지, 차가운 머리로 논리적인 분석을 하는 이들은 없었다.

사방에서 내리꽂히는 따가운 비난에도 통행료를 내리기는커녕, 국민연금관리공단은 대체 무슨 연유로 통행료를 인상한 것일까? 너무나 궁금했다. 일산대교의 가장 깊숙한 심장까지 파고들어가 보기로 했다. 인수과정부터 수익 구조까지 직접 하나하나 뜯어보았다. 그 결과, 이 통행료 100원에는 정말 많은 국민연금공단의 이익과 그 이익을 얻기 위한 정교한 과정이 숨어 있었다. 혹시나 하는 작은 의문으로 조사를 시작했지만, 결과는 내가 바라지 않던 거대한 의혹이 됐다.

# 04

# 국민연금관리공단의 이상한 투자

일산대교 통행료 인상의 내막을 간단히 비유하자면 이렇다. 한 부부에게 아들이 있다. 아들은 작은 회사를 운영하며 매달 1천만 원 이상을 벌어들인다. 이들 가족은 더 많은 돈을 벌어들일 방법을 궁리해 실행에 옮겼다.

그 방법은 부모와 자식 간에 '가짜 차용증'을 쓰는 것이다. 이 차용증에는 부모가 아들에게 15억 원을 빌려주고, 아들은 연 8%에 달하는 이자를 매달 나눠 납입해야 한다고 쓰여 있다. 이에 따라 아들이 한 달에 내야 하는 이자는 1천만 원으로, 이 계약서만 보면 한 달 월급을 고스란히 부모에게 이자로 갖다 바쳐야 하는 셈이다.

일산대교 수익구조는 이 가족의 일화에서 국민연금관리공단을 부모, 일산대교㈜를 아들로 대치한 상황이다. 국민연금관리공단은 2009년 일산대교㈜의 지분을 전량 인수함으로써 사실상 일산대교㈜의 아버지가 됐다. 이 과정에서 일산대교㈜가 은행에 지고 있던 빛 1,800억 원도 함께 인수했다.

이제 일산대교㈜는 매달 벌어들이는 통행료 중 일부를 은행 대신 아버지인 국민연금관리공단에 이자로 내고, 빚도 갚아야 한다. 그런데 국민연금관리공단은 이자율을 기존 6%에서 8%, 기존 13%에서 20%로 거의 사채 수준으로 갑작스레 높였다.

아버지인 국민연금관리공단이 아들인 일산대교㈜를 상대로 이렇게 기이하고도 가혹한 가족 대출을 한 이유는, 결국 더 많은 돈을 벌어들이기 위해서였다. 그리고 이들이 벌어들이려는 돈은 다름 아닌 200만 경기 서북부 주민을 비롯한 경기도민의 돈이다.

이자는 아버지인 국민연금관리공단에게는 수익이지만, 아들인 일산대교㈜에는 비용으로 계산된다. 이는 일석이조의 효과다.

일산대교㈜는 열심히 걷은 통행료 대부분을 아버지에게 이자로 지급해왔다. 지난 10년간 국민연금관리공단이 거둬간 이자만 2,000억 원이 넘었다.

부자의 참으로 꼼꼼한 '수익 챙기기'는 여기서 끝나지 않았다. 국민연금관리공단은 일산대교를 인수하며 6%였던 선순위 대출의 이자율을 8%로, 13%이던 후순위 대출의 이자율을 2015년부터 20%로 인상하도록 계약을 변경했다. 당시 한국은행 기준금리가 2%라는 것을 감안하면 선순위와 후순위 모두 엄청난 폭리다.

게다가 수익률 좋은 후순위 대출은 2038년 운영권이 만료되기 거의 직전에 원금을 변제하게 함으로써 '최대한 오래' 이자를 받을 수 있도록 만들었다. 수십 년간 최대 20%의 수익을 안정적으로 보장받는 투자 상품은 세상 어디에도 없다. 워렌 버핏 같은 투자의 귀재도 이 정도의 수익은 내지 못할 것이다. 국민연금관리공단은 이렇게 정교한 장치를 통해 일산대교 운영 30년 동안 누구의 방해도 없이 고금리의 이자 수익을 안정적으로 거둘 수 있게 설계했다.

한편, 터무니없이 막대한 이자 지출은 일산대교㈜의 운영비용을 과다하게 높여 적자 상태로 만든다. 현행법상 민자도로의 운영비용이 낮아지면 민자 사업자는 통행료도 이에 비례해 인하해야 한다. 그러나 운영비용이 낮아지기는 커녕 점점 높아져버리기만 하니 통행료를 낮출 수 없는 것은 당연하다. 일산대교㈜는 통행료 인하를 요구하는 주민을 농락하듯 두 차례나 요금을 인상하기까지 했다.

이뿐만이 아니다. 통행료가 기대수익에 미치지 못할 경우, 경기도와 일산대교㈜ 간에 맺은 계약의 '최저수입보장' 조항에 따라 경기도민의 세금으로 부족분을 보전해줘야 한다.

최저수입보장(MRG)은 민자 사업의 손실 위험으로 기업들이 투자를 꺼리자 1999년 도입한 일종의 '안전장치'다. 투자자로서는 손실 부담까지 깨끗이 덜어낼 수 있게 되자 너도나도 민자 사업에 뛰어들었다. 이 최저수입보장을 맞춰주느라 공공 입장에서는 밑 빠진 독에 물 붓듯 계속 수백억 원의 예산을 들이부어야 했고, 배보다 배꼽이 더 큰 상황이 일어났다.

결국, 최저수입보장 제도는 시행 10년 만에 역사 속으로 사라졌다. 그러나 이미 운영 중인 사업에는 그대로 적용됐다. 그중 하나가 일산대교다. 일산대교㈜가 이렇게 지원받은 혈세는 일산대교 개통 후

474억 원에 달했다.

수익이 낮아지면 소득에 부과되는 법인세도 적게 낼 수 있다. 일산대교㈜는 개통 5년 후인 2015년부터 법인세 면제 대상에서 제외돼 다른 법인과 마찬가지로 정상적으로 세금을 납부해야 하는 상황이었다. 그런데 때마침 이 시점에서, 국민연금관리공단은 애초 13%이던 후순위대출 이자를 20%로 올려버렸다. 막대한 이자를 비용으로 처리해서 법인세를 낮추려는 의도가 분명해 보였다.

물론 이 모든 이자 비용은 아버지인 국민연금관리공단의 주머니로 고스란히 들어가므로, 일산대교㈜는 실제로 전혀 비용 손실이 없다. 이는 국민연금관리공단이 서울외곽순환도로 북부 구간을 인수하며 보인 행태와 똑같았다. 국민연금관리공단의 자회사가 국민연금관리공단 측에 고금리의 이자를 지급해 마치 비용이 발생한 것처럼 꾸며 법인세를 절감했지만, 자회사와 공단이 사실상 동일체이므로 나는 이것이 명백한 불법행위라고 판단했다.

**자기 부모의 통장으로 돈을 옮겨놓고, 주머니가 비었다며 여기저기서 더 많은 돈을 요구하는 일산대교㈜, 즉 국민연금관리공단의 행태는 국가기관이라는 말이 무색할 정도의 비열한 모습이었다.**

이제 모든 퍼즐을 꿰어맞췄다. 나를 더욱 분노케 한 것은 미온적 대처로 일관하는 경기도였다. 관리감독청으로서 부조리한 상황을 인지하고 있음에도 손 놓고 수수방관하는 경기도 관계자들을 보며 의심은 분노로 변하기 시작했다.

2012년 9월, 일산대교㈜의 민낯을 55쪽으로 조목조목 정리해 경기도의회 본회의에서 하나하나 읊어나갔다. 당시 도정질의 답변석에서 이 모든 질의를 듣던 김문수 도지사가 무척이나 당황해하던 기억이 생생하다. 하고 싶은 말은 무척이나 많았다. 그러나 질의 시간은 한정돼 있었기에 문제 해결 촉구에 중점을 두기로 했다.

요구사항은 세 가지였다. 첫째, 지난해 인상한 통행료 100원을 즉시 인하하고 일산대교에 지원한 경기도 예산 52억 원 역시 철저한 조사를 통해 환수할 것. 둘째, 즉시 경기도 특별감사 실시를 통해 일산대교㈜가 국민연금관리공단에 지급하는 과도한 이자율을 낮출 것. 셋째, 일산대교㈜의 법인세 탈루를 위해 국민연금관리공단이 이자율을 높인 행위에 대해 감사원 감사를 청구할 것.

"국민연금이 일산대교㈜의 주머니를 과도하게 털어 손실을 내도록 꾸미고서 경기도로부터 예산 지원을 받은 것은 사실상 공금 횡령입니다. 이 사실을 알면서도 예산을 지원한 경기도 역시 업무상 배임죄가 성립될 수 있음을 분명히 말씀드립니다." 도지사를 향해 맹공을 날렸다. 철저한 준비 없이 답변석에 선 도지사는 그저 교과서 수준의 답변지만 읊조릴 뿐이었다. 경기도 입장에서는 고작 52억 원을 지원했을 뿐인데 억울하다고 생각할지도 모른다.

결과적으로 이날 가져온 '논리'라는 칼은 사람들의 막연한 추측을 확신으로 바꾸었고, 향후 10년간 경기도와 일산대교의 목을 겨누게 됐다. 이때만 해도 일산대교 전쟁이 10년을 이어질 것이라고는 상상조차 하지 못했다. 애초부터 경기도가 적극적으로 대응할 것이라고는 생각지 않았지만, 이렇게까지 소극적인 행정을 할 것이라고는 생각지도 못했다.

# 05

# 답안지를 들이밀다

이후 일산대교의 과도한 통행료 문제는 경기도의회의 단골 메뉴가 됐다. 예전보다 관심은 부쩍 높아졌는데도 불구하고 해결의 기미는 보이지 않았다. 문제의 당사자인 국민연금관리공단이 꿈쩍도 하지 않았기 때문이다. 법적으로 30년간 약정이 되어 있는 상태에서 공단이 황금알을 낳는 거위를 굳이 포기할 이유는 없었다. 경기도 역시 선택의 여지가 없었다. 되돌리는 것은 곧 잘못을 인정하는 셈이었다.

"문제가 있으면 누군가 해결을 해야 할 것 아닙니까?"

나의 외침은 그저 허공을 맴도는 메아리일 뿐이었다.

경기도 공무원들 사이에서는 '이재준 의원을 피해 가는 것이 상책'이라는 말까지 돌았다. 지나고 나서는 공직자들에게 무척 미안한 일이지만, 한번 물면 끝을 봐야 하는 내 성격도 한몫했다.

그렇게 꿈쩍 않던 경기도도 2012~2013년의 도정 질문에 이어

2015년부터 일산대교에 투입되는 재정지원금이 과다해지면서 마침내 행동에 나섰다. 고금리 이자를 낮추고 비정상적인 수익 구조를 바로잡을 것을 권고하는 '사업재구조화' 권유를 수차례 했고, 손실보전금 지급을 중단하며 소송까지 제기했지만 결국 국민연금관리공단의 승소로 끝났다.

문제를 풀어야 할 사람들이 손을 놓거나 주저앉아 버렸으니, 답안을 손에 쥐어주는 수밖에 없었다. (전)남경필 도지사는 정치적인 입장은 다르지만, 비교적 합리적인 사람이었다. 어떻게든 함께 머리를 맞대고 일산대교 문제를 끝맺음하고 싶었다. 더는 경기 서북부권역 주민들의 피해가 누적되어서는 안 된다는 절박함도 컸다. 그래서 2017년, 도지사에게 일종의 '답안'을 제시했다.

**"경기도 지역개발기금으로 일산대교㈜의 후순위 채권을 매입하십시오. 후순위 채권은 절대 부도 위험이 없는 안전한 상품입니다. 경기도가 채권을 매입하면 20% 이자율을 8%로 낮춰 통행료까지 인하할 수 있습니다. 경기도 역시 지역개발채권 수익률을 높일 수 있지요."**

당시 경기도는 약 2조 원 규모의 지역개발기금을 비축해놓고 있었다. 지역개발과 주민 생활환경 개선을 위해 마련한 이 기금은 한 푼도 집행되지 않은 채 금고에 보관되어 2%의 낮은 이자만 받고 있었다. 지역주민을 위해 쓰라고 비축한 돈을 시중보다 훨씬 낮은 금리로 묶어둘 이유가 없었다.

이 기금으로 일산대교㈜의 후순위 채권을 매입하면 기금에서 2%

의 이자만 간신히 받던 경기도는 8%의 이자를 받게 되고, 일산대교
㈜는 국민연금관리공단에 지불하던 20%의 고금리 이자를 다시 예
전 수준인 8%로 낮출 수 있어 이자 부담도 줄일 수 있다. 모두에게
이익이 되는 상생 제안이었다.

㈜남경필 도지사는 좋은 생각이라며 적극적으로 검토하겠다고
했다. 사전 준비도 마쳤다. 2015년 경기도의회는 지역개발기금 조례
를 개정해 기금의 활용 범위를 확대했다. 민간투자사업인 일산대교
에 기금을 투자할 수 있는 길이 열린 것이다.

그러나 안타깝게도 남 지사와 나의 임기는 막바지에 이르렀다. 당
시의 행정, 재정 상황이나 담당 부서의 책임감 등은 언급하고 싶지
도 않다. 중요한 것은 결국 실행까지 이르지는 못했다는 사실이다.

## 06
# 비수를 꽂다

비용을 극대화하는 기형적 수익 구조로 일산대교㈜는 늘 형식상으로는 적자를 면치 못했다. 그런데도 불구하고 2017년부터 일산대교 수익이 흑자로 돌아섰다. 김포 신도시 등 대규모 아파트 건설로 일산대교 통행량이 급격히 늘어났기 때문이다. 개통 당시 2만7천 대이던 하루 통행량이 3배로 늘었고, 통행료 수입은 1.5배 늘었다. 국민연금관리공단은 이제 대외적으로도 명백히 투자원금 이상의 수익을 올리고 있었다. 여기에 최저수입보장에 따른 경기도의 재정지원금, 흑자로 전환된 일산대교㈜의 배당금까지 받게 되면서 기대수익은 더욱 치솟았다.

그러나 통행료는 여전히 요지부동이었다. 적자였을 때는 두 차례나 통행료를 올렸지만, 흑자로 돌아섰는데도 통행료를 낮추지 않는 이상한 셈법이었다.

일산대교 문제는 늘 마음 한편에 무거운 짐으로 남아 있었지만, 시장이 되니 도의원 때와는 여러모로 역할이 달라질 수밖에 없었다. 도의원은 감독자다. 도정 전반을 대상으로 의원의 신념에 기반을 둔 어떤 발언도 자유롭게 할 수 있다.

그러나 시장은 다르다. 국민연금관리공단은 지자체와 동등한 공공기관이고, 시장은 개인이 아니라 고양시의 대표다. 나의 신념도 중요하지만 109만 시민의 대표로서 문제를 제기해야 하고, 이렇게 제기한 발언이 사회 곳곳에 미칠 파장까지도 생각해야 한다. 그리고 문제의 해결까지 끌어내야 하는, 무거운 책임감이 따르는 자리였다.

지난 13년간, 일산대교㈜는 아무리 찔러도 쓰러지지 않는 공룡이었다. 상대는 결코 만만찮은 국가기관이다. 일산대교를 이용하는 고양·파주·김포 주민이 200만 명이 넘는다고 해도 결코 지자체가 응수하기에는 쉽지 않은 상대였다.

책임은 커졌지만, 시장의 권한으로 할 수 있는 일은 많지 않았다. 10년 전쟁을 시작했으니 끝까지 반드시 맺어야 한다는 의무감, 그리고 109만 시민 대표로서의 무거운 책임감이 때로는 공존하고 때로는 상충했다.

내가 내린 결론은, 가장 적당한 시기에 가장 확실한 방법으로 가장 효과적인 결과를 끌어내자는 것이었다. 언젠가 가장 예리한 칼을 가장 적절한 시기에 꺼내들 타이밍을 기다렸다. 그 때는 생각보다 빨리 왔다.

2021년이 시작된 지 얼마 되지 않은 날이었다. 코로나19가 촉발한 사회경제적 불평등 문제가 강하게 대두되던 시기였다. 경기도는

'공정'이라는 도정 철학을 앞세워 경기도 내 해묵은 불공정 문제를 하나씩 꺼내어 개선하고 있었다. 경기도 남부에 집중돼 있던 경기도 산하기관을 대거 북부와 동부로 이동하고, 경기 북부를 잇는 교외선 운행 재개에도 의지를 보였다.

신년 업무보고에서 도지사는 드디어 10년 묵은 일산대교 문제를 꺼내 들었다.

"바가지를 계속 쓸 수는 없는 일이다. 일산대교 매입 등의 방안을 광범위하게 검토해 보는 것이 좋겠다."

그동안 경기도는 전쟁의 전면전에 나서지 않았다. 그러나 거대 광역자치단체이자 일산대교의 관리감독청인 경기도가 함께 나서준다면 충분히 승산은 있다. 코로나19 문제 등 경기 서북부 현안에 함께 협약을 맺고 공동 대응하는 등 파주·김포와의 관계도 더없이 좋은 상황이었다.

"일산대교 통행료 문제, 이제 고양시가 주도적이고 적극적으로 움직여 보면 어떻겠습니까."

신년 간부 회의에서 전혀 예상치 못한 화두를 띄우자 간부급 공무원들은 당황한 표정이 역력했다. 10년 동안 도지사도 풀지 못했는데 시장이 나설 수 있는 일이 아니라고 생각했기 때문일 것이다.

하지만 생각보다 훨씬 빠른 속도로, 그리고 원활하게 일이 추진됐다. 지시 다음 날인 2021년 1월 18일, 먼저 언론을 통해 문제를 공론화했다. 문제 해결의 당사자인 국민연금관리공단과 경기도, 고양·파주·김포 모두 문제 해결을 위해 공동으로 논의를 시작하자는 내용이었다.

2021년 2월, 파주시와 김포시에 일산대교 통행료 인하를 위한 공동성명을 제안했다. 두 개 시는 기다렸다는 듯이 흔쾌히 응했다. 일산대교라는 화두를 공식적으로 꺼낸 지 불과 2주 만의 일이었다.

시민의 반응도 매우 뜨거웠다. 고양시가 경기 서북부 주민에게 물어본 일산대교 무료화 찬반 여론 조사에서 80%가 넘는 시민이 무료화에 찬성했다. 여러 무료화 방안 중, '일산대교를 경기도가 인수해야 한다'는 의견도 75%에 가까울 정도로 압도적이었다.

청와대 국민청원에는 일산대교 무료화 청원이 등장해 수만 명의 국민이 동의하는 등 여론은 이미 충분히 달구어졌다. 문제 해결의 열쇠를 쥔 경기도도 발 빠르게 문제에 대응하며 실무선에서도 구체적인 협의를 진행하기 시작했다.

이렇게 **경기도라는 거대 광역단체 그리고 세 곳의 지자체, 200만 시민, 언론이 합심해 일산대교 무료화를 추진했지만, 국민연금관리공단은 너무나 강력한 공룡이었다. 지난 10년 넘는 동안 그래왔듯, '시간이 지나면 다시 잠잠해지겠지'라는 생각으로 소극적인 태도만을 취하기에 바빠 보였다.**

하지만 국민연금관리공단이 크게 간과한 사실이 있다. 이번 무료화 운동에서 각 기관과 시민이 보인 의지만큼은 그 어느 때보다 강력하고 지속적이라는 것이다. 국민연금관리공단은 결국 협상 테이블에 서지 않았고, 가장 마지막 수단을 동원하기로 했다. 일산대교의 운영권을 강제로 환수해 오는 '공익처분'이었다.

2021년 9월 3일. 경기도는 고양시·파주시·김포시와 함께 일산대

일산대교 대응을 위한 고양·파주·김포 공동 기자회견

교 무료화 선언 현장 합동 브리핑을 했다. 사실상 일산대교 무료화 가 확정되는 길고 긴 싸움의 끝이었다.

한 달이 지난 10월 27일, 마침내 일산대교 요금소 앞에서 한강 유일의 유료다리 일산대교의 무료화를 선언했다. 경기도와 고양·김포·파주 3개 시가 사상 초유의 '공익처분'을 내린 것이다.

"우리가 되찾은 것은 통행료가 아니라 교통권입니다. 더 이상의 불합리한 차별과 관행을 거두어달라는 엄중한 선언입니다."

일산대교가 무료화된 후 시민들 역시 환호했지만, 이 결과를 믿지 못하는 시민들도 많았다. 거꾸로 생각하면, 오랜 기간 너무나도 당연하게 요금을 내야만 했던 시민들이었다는 뜻이다. 어떤 시민들은 실제 무료화가 이루어졌는지 확인하려고 일산대교로 드라이브를 다녀오기도 했다.

# 07

# 끝나지 않은 10년 전쟁

일산대교 무료화가 확정된 후 9월 14일 일산대교㈜를 상대로 '일산대교 무료화 및 통행료 인하 소송'을 제기했다. 일산대교가 무료화되었는데 무료화 소송을 제기한다는 것에 정말 많은 사람이 의문을 제기했다.

사실 일산대교 무료화는 우리가 얻고자 하는 결과일 뿐이다. 더욱 중요한 본질은, 시장금리의 몇 배나 되는 높은 이자율을 받고도, 국민에게 일산대교 통행료를 받으며 경기도의 손실보전금까지 받아챙기는 기형적이고 악질적인 수익 구조에 있다. 이 수익 구조를 낱낱이 분해해서 밝히지 않는다면 제2, 제3의 일산대교가 탄생할 것이 자명했다.

**긴 시간 동안 너무도 어렵게 달려온 길이었다. 이제는 되돌아 내려가고 싶은 마음이 들 만큼 힘든 투쟁이었다. 하지만 나는 조금 더 힘든 길을 선택했다. 지금이야말로 오랜 시간 계속된 그 '못된 수익 구조'를 뿌리뽑을 최적의 시간이기 때문이다.**

무료화의 기쁨도 잠시였다. 한 달도 되지 않아 일산대교는 다시 유료화되었다. 일산대교 운영을 맡고 있던 일산대교㈜가 공익처분을 멈춰달라는 취지로 집행정지 소송을 제기했고, 법원이 일산대교㈜의 손을 들어준 것이다. 그렇게 10년 전쟁은 소송이라는 또 다른 지루한 싸움의 장으로 이어지게 되었다. 이 싸움은 언제 끝날지 알 수 없고, 또 패소할 경우 경기도와 3개 시가 입을 타격과 비난도 적지 않다.

그러나 진정한 안전은 도둑질한 사람을 잡아넣는 것이 아니라, 도둑질할 환경을 만들지 않는 것이다. 고양시는 그 환경을 만들지 않기 위해 끝나지 않은 싸움을 계속하려 한다.

일산대교㈜ **차입금 변동 현황**(2009.12.28), (단위 : 백만원, %)

| 구분 | | 기존 | | | 변경 | | |
|---|---|---|---|---|---|---|---|
| | | 금액 | 이율 | 차입처 | 금액 | 이율 | 차입처 |
| 단기차입금 | | 51,000 | 8.13% | 우리은행 등 6개 은행 | – | – | 국민연금 공단 |
| 장기 차입금 | 선순위 | 129,801 | 6.68~9.66% | | 147,100 | 8.0% | |
| | 후순위 | – | – | | 36,094 | 6.0~20.0% | |

일산대교㈜ **인수 후 유상감자 시행**(2009.12.29), (단위 : 백만원)

| 감자전 | | 감자후 | | 감자규모 | |
|---|---|---|---|---|---|
| 주식수(주) | 자본금 | 주식수(주) | 자본금 | 주식수(주) | 감자금액 |
| 10,450,400 | 52,252 | 3,231,600 | 16,158 | 7,218,800 | 36,094 |

일산대교㈜는 건설회사가 만들고 2009년 12월 28일 국민연금이

인수한 회사다. 국민연금은 인수대금 전액을 국민연금으로부터 차입하고 선순위 채권 금리를 6.7%에서 8%로, 존재하지도 않던 후순위 채권 361억 원을 법인세 면제 기간이 끝나는 2015년부터 20% 이율로 빌리게 된다. 그러나 이 당시 제3경인고속도로는 오히려 선순위 채권 이율을 5.7%로 낮춘다. 더 기막힌 것은 후순위 채권 발행금은 인수 다음 날인 2009년 12월 29일 유상감자란 기법을 통해 다시 361억 원을 국민연금이 회수해간다. 장부에만 존재하는 그 후순위 채권 361억 원의 지급 이자가 현재까지 680여억 원에 달하고, 일산대교는 통행료를 1,200원으로 올린 상태다. 법인세법에서 특수관계법인에 허용되는 지급이자율은 6% 정도로 더 싸게 임직원에 빌려주면 개인소득으로 간주하게 되고, 더 비싸게 빌려오면 손금불산입이 된다. 이런 논리로 공정거래법 위반, 법인세법 위반 등을 제기할 준비를 하고 있다.

PART 03
준비하다

# 제8장

# 베드타운, 배드타운

기업 유치는 긴 호흡으로 준비하는 장기전이다. 일산테크노밸리의 타
깃 기업으로 구상한 것은 바이오 의료산업이다. 바이오산업이 코로나
시대 사람을 살리는 백신이 되었다면, 포스트 코로나 시대에는 '경제를
살리는 백신'이 될 것이었다. 바이오산업은 공공성, 수익성 두 마리 토
끼를 갖추었을 뿐 아니라, 어느 분야보다도 많은 벤처 창업과 일자리
창출이 가능하다.

# 01

# '살기 좋은 도시'의 기준, 일자리

살기 좋은 도시라고 하면 흔히들 '거주하기 좋은 도시'를 상상한다. 새로 지은 깨끗한 아파트, 문밖을 나서면 보이는 공원과 발 딛는 골목마다 드리워진 나무, 새소리와 사람들의 웃음소리가 어우러진 평화로운 거리까지, 영화 속에 나올 것만 같은 아름다운 도시가 머릿속에 그려진다.

1990년대 처음 우리나라에 조성된 신도시는 바로 그런 상상 속 도시다. 인구 밀도가 높아 어딜 가나 인파에 부대끼고, 아무리 열심히 돈을 모아도 낡은 전셋집 하나 얻기 힘든 서울에서의 생활에 사람들은 염증을 느꼈다. 직장과 조금 멀긴 하지만 널찍하고 쾌적한 서울 근교에 내 집을 장만해 당당하고 마음 편하게 살아갈 수 있기를 원했다. 1기 신도시는 그런 사람들의 갈증을 채워주었고, 그렇게 대성공을 거둔 듯 보였다.

그러나 신도시도 꿈에 그리던 완벽한 도시는 될 수 없었다. 살기 좋은 도시란 늘 사람들의 마음을 따라 변하는 것이기 때문이다. 서울로 출퇴근을 하며 하루 왕복 세 시간, 1년에 한 달을 길바닥에 소비해야 하는 신도시 생활에 사람들은 점점 지쳐갔다.

게다가 산업화로 인한 국가의 고도성장기, 치열하게 일에 몰두하며 성공 가도를 달리고 부를 축적하던 시대가 막을 내리고, '워라밸', '저녁이 있는 삶' 등 현재의 행복한 삶을 중요시하는 시대가 왔다. 여가생활이 삶의 질을 결정하는 가장 중요한 요소가 되었다.

사람들은 더 넓고 쾌적한 주거공간과 아름다운 외관보다는, 조금 비좁고 오래된 집이라도 직장과 가깝고 문화와 여가를 누릴 시간을 확보할 수 있는 '더 편리하고 여유 있는 주거'를 원하기 시작했다.

2000년대 야심차게 건설했던 2기 신도시는 이러한 사람들의 변화하는 욕구를 읽지 못한 채, 또다시 주택 공급에만 집중했다. 그래서 자족 기능을 우선한 판교 신도시를 제외하고 1기 신도시만큼 성공적인 외형을 갖추지 못했다.

주민들이 일자리가 있는 도심으로 회귀한 탓에 결국 몰락의 길을 걷게 된 신도시도 있다. 바로 1960년대 만들어진 일본 '다마 신도시'다. 다마 신도시는 입주 초기만 해도 깨끗한 건물과 저렴한 집값으로 인기를 끌었지만, 번듯한 일자리 하나 없는 까닭에 시민들은 40분 거리에 있는 도쿄로 출근해야만 했다. 이 수고스러움을 고스란히 지켜본 자녀 세대는 직장이 있는 도심에 집을 얻어 떠나갔고, 다마 신도시에는 결국 노인과 빈집만 남게 됐다.

이제 우리는 살기 좋은 도시의 정의를 다시 내리고 있다. 좋은 주

베드타운으로 전락해 버린 일본의 다마 신도시

거환경과 가까운 직장 두 가지를 모두 갖춘 도시다. 그런 면에서 고양시는 전통적인 '실기 좋은 도시'다. 지형상 평지가 많고 웬만한 건물은 15층 이하로 주택밀집도도 낮아 탁 트인 느낌이 든다. 공기도 쾌적하고, 녹지가 많으며, 상권과 편의시설이 가까이 있다.

그러나 단 한 가지 치명적인 단점이 있다. 집 근처에 번듯한 일자리가 없는 베드타운이라는 것이다. 자영업이나 영세한 소기업을 제외하고는 고양시에는 일할 만한 곳이 거의 없다. 기업이나 공장 신설을 금지하는 과밀억제권역, 접경지역, 군사보호구역 그리고 그린벨트까지, 북한과 서울 사이에 샌드위치처럼 끼어 있는 입지 때문에 생겨난 4개의 규제는 어떤 자족시설도 발 디딜 틈 없도록 고양시 땅을 옥죄어 왔다.

그러나 살기 좋은 도시라는 그럴듯한 이름표는 '이대로도 살 만하지, 뭘' 하는 안일한 생각에 오랫동안 우리를 안주하게 했다. 일과 삶의 단절을 살기 좋은 도시의 숙명인 듯 받아들였다.

2018년 5월, 고양시장 후보로 확정되고 난 후에 후보로서는 최초로 시민이 원하는 공약을 직접 신청하는 '백지 공약'을 받아보기로 했다. 반응이 생각보다 뜨거웠고, 1,400여 건의 민원과 제안이 접수됐다.

처음에는 동네 환경 정비나 고질 민원 해결, 복지수당 인상 같은 생활밀착형 요구가 많이 접수될 것이라고 짐작했다. 그런데 가장 빈도 높았던 요구는 의외로 기업 유치와 광역교통망 확충이었다.

**기업은 곧 시민의 일자리이고, 광역교통망은 일자리에 닿기 위한 수단이다. 결국, 고양시민의 가장 절실한 요구는 '더 가까운 일자리'였다. 모두가 원했지만, 아무도 채워주지 못했던 욕구였다. 그래서 공약의 첫 페이지는 일자리로 채웠다. 당선 후 이 약속은 어떤 일보다 우선해 시작했다.**

시장 4년을 하면서 다른 칭찬은 듣지 못하더라도 '일자리 시장'이라는 말만큼은 꼭 듣자는 게 목표였다. 단지 1순위 공약이기 때문만은 아니다. 일자리는 돈벌이나 직업 이상의 많은 의미가 담긴 종합선물세트이기 때문이다.

일자리는 한 사람의 생존권이자, 삶의 질을 높여주는 최고의 복지이며, 사람에 대한 존중이다. 결혼, 육아, 여가 등 삶의 다른 요소를 이룰 수 있도록 하는 가장 기본적인 전제다. 한 사람의 삶을 책임지는 일자리를 만들어내는 것은 쉽지 않은 일이며, 의지만 갖고서는 풀기 어려운 문제이기도 하다.

그러나 역설적으로 일자리 정책은 정치인이 늘 1순위로 내세우는 공약이기도 하다. 각종 수치와 성과로 포장해 눈 가리고 아웅 하기 쉬운 것 또한 일자리이기 때문이다. 공공근로, 일자리 프로그램 같은 단기사업을 벌여 질보다 양적인 성장에 치중하면 지표는 좋아지기 때문이다.

공공이 만드는 일자리는 한계가 있다. 괜찮은 일자리는 결국 기업에서 나올 수밖에 없다. 기업은 지속 가능한 도시의 필수재다. 고양시가 한 번도 유치해본 적 없던 기업을 들여오고, 한 번도 찾지 못했던 생존권을 되찾기 위한 작업을 5년 전부터 이미 진행해왔다. 이제 남은 건 실행뿐이었다. 바로 고양시의 첫 자족단지, 일산테크노밸리다.

# 02

# 고양시 첫 산업단지,
# 일산테크노밸리의 탄생

"오늘 저는 땅을 팔러 온 것이 아닙니다. 고양시의 가치를 팔러 왔습니다."

2019년 가을, 일산테크노밸리의 첫 투자설명회를 열었다. 2016년 유치 이후 소문만 무성하던 일산테크노밸리가 어느 정도 윤곽을 갖추고 기업인들에게 첫선을 보이는 중요한 자리였다.

장소는 서울의 심장부인 코엑스였다. 주위에서 "고양시 땅을 왜 서울까지 가서 파느냐"고 의아해했다. 이유는 복잡할 것이 없었다. '강남과 판교 기업을 고양시로 유치해오기 위해서'였다.

보통의 경우 투자 설명은 사업을 담당하는 실무자나 개발업체가 하지만, 일산테크노밸리만큼은 직접 설명하고 홍보하기로 했다. '시장이 직접 나서서 챙기는' 각별한 프로젝트라는 것을 기업인들에게 보여주려는 목적도 있었지만, 사실은 탄생 단계부터 직접 손댔던 사업이라 마무리까지 직접 거두고 싶은 욕심이 있었기 때문이다.

고양일산테크노밸리 조감도

일산테크노밸리 유치라는 낭보가 고양시에 찾아온 것은 2016년 9월이었다. 경기도는 제2의 미국 실리콘밸리, 판교테크노밸리로 거듭나게 될 '경기 북부 테크노밸리'를 고양시에 조성하겠다고 발표했다. 30곳 후보지와 비교·경합한 끝에 고양시가 선정됐다.

IT, 미디어, 의료 분야의 첨단기업단지로 구상된 일산테크노밸리는 부지 조성에만 7,500억 원이 투입되는 사업으로, 계획대로 1,900여 개 기업이 입주한다면 1조6천억 원의 경제 효과는 물론 1만8천 명의 일자리가 생겨나는 대규모 일자리 프로젝트다.

**고양시 역사상 처음으로 들어서게 될 산업단지에 시민들은 환호했다. 고양시에서 경제활동을 하는 자영업자, 소상공인의 절반은 일산테크노밸리를 가장 기대하는 프로젝트로 꼽았다.**

그런데 유치 이후부터가 진짜 시작이었다. 대형 개발사업이 삽을 뜨기 위해서는 예산이 필요하고, 국가와 경기도의 경제성 분석과 투자 심사도 필요하다. 검토 결과 사업성이 없다고 판단되면 개발이 무산될 수도 있다. 실제로 예산 부족이나 사업성 부족을 이유로 사업이 중단되어버린 지자체도 수두룩하다.

고양시가 얼마나 사업에 애착을 쏟고 끈질기게 매달리느냐에 따라 일산테크노밸리가 첫 삽을 뜨느냐 마느냐 여부가 달려 있었다.

일산테크노밸리는 유치 2년 만에 첫 번째 난관에 봉착했다. 경기도와 고양시가 함께 예산을 투입해 진행하는 사업으로, 5,300억 원의 경기도 재정을 부담하기에 앞서 도의회의 동의가 필요했다.

그런데 현실은 일산테크노밸리의 '비용 대비 편익 분석'에서 0.8이 나오며 사업성이 부족하다는 평가를 받았다. 사실상 일산테크노밸리에 내려진 사망선고였다. 당시 경기도의회 기획재정위원장으로 있던 내게 일산테크노밸리 사업은 보류하는 것이 옳다며 투자 동의 심의조차 하지 않겠다는 의원들도 있었다. 그러나 수십 년 만에 처음으로 유치해낸 고양시의 자족단지를 쉽게 포기할 순 없었다. 그래서 의원들에게 호소했다.

"고양시를 다른 지역과 똑같은 기준으로 판단해서는 안 됩니다. 고양시는 수십 년간 3중 규제를 적용받아 국가 발전의 희생양이 됐고, 단 한 개의 기업도 유치하지 못했습니다. 상위기관인 경기도의 역할이 뭡니까? 오랫동안 차별을 받다가 이제야 발걸음을 뗀 도시가 잘 걷지 못한다고 다시 주저앉히는 겁니까? 아니면 안타깝게 생각하고 잘 걸어갈 수 있도록 일으켜주는 겁니까?"

고양시가 지리적 입지도 불리하고, 아무 산업 기반도 없는 후발주자이다 보니 당장 사업성이 부족한 것은 당연했다. 그러나 일산테크노밸리의 목적은 고양시뿐만 아니라 경기 북부의 발전이다. 사업성이 부족하다고 사업을 만류하는 것은 선후 관계가 바뀌어도 단단히 바뀐 것이다.

또 고양시는 남북 접경지역의 유일한 대도시이기에 남북 협력의 가능성이라는 미래 가치도 품고 있다. 이 미래 가치는 비용 대비 편익이라는 수치에 포함되지 않는다. 미래라는 보이지 않는 가치에 대한 고려도 필요하다.

2018년 3월, 고양시장에 출마하기 위해 의원직을 사퇴할 예정이었지만, 사직서 제출을 잠시 미루고 일산테크노밸리 투자동의안을 통과시키기 위해 한 달 가까이 진땀을 흘렸다. 일산테크노밸리 사업 동의안을 올리지 않으면 다른 안건도 위원장 자격으로 상정하지 않겠다고 엄포를 놓기도 했다.

급기야는 위원장 권한으로 일산테크노밸리 추진동의안을 의회에 상정했고, 통과까지 밀어붙였다. 멈춰섰던 일산테크노밸리가 다시 움직이는 순간이었다.

# 03

# 목표는 '가장 빠른 착공'

       고양시장에 당선되어 4개월 만에 일산테크노밸리 사업을 다시 손에 쥐게 됐다. 그동안 먼 관제탑에서 일산테크노밸리의 향방을 살폈다면, 이제는 실무자로서 직접 배를 운항하게 된 것이다.

    그런데 현재까지의 진행 상황은 참담했다. 1부터 10까지의 단계 중에서 1의 문턱도 넘지 못했다. 모아둔 돈도 부족했다. 필요한 돈이 7,500억 원 중 고양시 분담분이 2,500억 원 정도인데 통장 잔고는 0원이었다.

    계획만 세워두고 착공하지 않으면 사업이 취소될 수도 있었다. 게다가 현재 경기도에서 추진되는 광명, 양주 등 6곳의 테크노밸리 사업이 서로 경쟁하고 있어, 예정보다 더 빨리 착공해야 좋은 기업을 선점할 수 있는 상황이었다.

**일산테크노밸리의 첫 삽을 누군가는 떠야 했다. 곧 착공하겠다는**

고양일산테크노밸리 조성 현장을 방문한 필자

공허한 약속과 희망 고문을 멈추고 현실 속으로 일산테크노밸리를 끌어와야 했다. 이미 유치한 사업이라는 이유로, 다른 예산이 더 급하다는 이유로 흐지부지 다음 주자에게 계속 미룰 수만은 없었다. 목표는 단 하나, 최대한 빠른 착공이었다.

그래서 나는 가장 먼저 사업을 함께 추진할 경기도를 찾아가 요청했다.

"일산테크노밸리를 가장 먼저 착공해 기업을 유치하고, 이후에 남는 수요를 전략적으로 다른 테크노밸리에서 흡수할 수 있도록 경기도에서도 도와주십시오. 임기 내 착공할 수 있는 유일한 사업입니다."

그다음에는 빈 통장 잔고를 채우기 위해 나섰다. 취임하자마자 일산테크노밸리에 1순위로 예산을 투입할 수 있도록 '일산테크노밸리

특별회계 설치 조례'를 만들었다. 묻지도 따지지도 말고 760억여 원의 예산을 갑자기 일산테크노밸리 통장에 넣으라는 지시에 직원들은 난감해했다. 단 몇백만 원의 예산 편성에도 부서 간, 정치인 간, 그리고 시민 간 실랑이와 미묘한 신경전이 오가는데, 수백억 원을 갑자기 어디서 마련하느냐는 것이다.

"예산은 주는 게 아니라 만들어내는 겁니다. 일산테크노밸리가 급한 예산이 아니면 대체 뭐가 급한 예산입니까?"

예산서를 보니, 안 그래도 빠듯한 예산이 소모성 예산과 행사 지출로 편성돼 대규모 토목공사를 할 여력이 없는 상태였다. 기존 예산을 전면 제로화하고 일산테크노밸리 예산을 우선 반영한 뒤, 불필요하거나 시급하지 않은 예산은 과감히 배제했다.

이렇게 확보한 종잣돈은 '일산테크노밸리 특별회계'라는 통장을 별도로 만들어 비축했다. 전문가들은 사업비를 모으는 데 3년은 넘게 걸릴 것이라고 예상했지만, 허리띠를 졸라맨 결과 1년 반 만에 사업비 1천억 원을 비축했다.

예산도 중요하지만, 국가로부터 사업승인 역시 최대한 빠르게 받아내야 했다. 시 내부의 행정 절차는 관계기관과의 협의 절차를 최대한 단축해 6개월 만에 끝낸 상태였고, 마지막 남은 국가 사업승인도 자신만만한 상태였다.

그런데 전폭적인 지원으로 막힘없이 질주하던 일산테크노밸리는 정부 중앙투자심사 낙방이라는 암초를 만났다. 사업의 수요와 타당성을 원점에서 다시 검토하라는 재검토 판정을 받은 것이다. 중앙투자심사는 200억 원 이상이 드는 지자체 사업의 타당성과 필요성을 심사해 불필요한 사업 추진을 사전에 막는 제도로, 까다롭고 엄격한 잣대로 심사하기 때문에 한 번에 통과하는 경우는 드물다. 그러나 워낙 자신만만하게 준비해왔고, 당연히 통과될 줄 알았던 사업이라 우리는 당혹했다.

3기 신도시 조성 발표로 일산지역 분위기가 어수선한데다가 국회의원 선거가 일주일도 채 남지 않은 시점에서 일산테크노밸리의 중투심 탈락은 좋은 정치적 먹잇감이 됐다. 창릉지구에 들어올 벤처득구 때문에 일산테크노밸리가 물거품이 됐다, 신거를 앞두고 고양시장이 중투심 결과를 은폐하고 있다는 둥 헛소문이 온라인을 타고 급속히 번졌다.

그러나 이런 항간의 반응은 오히려 일산테크노밸리에 대한 주민들의 큰 갈망과 기다림을 보여주는 것이라고 여겼다. 헛소문에 일일이 대응하기보다는 좋은 결과로 보여주면 된다는 생각에 더 사업에 힘을 쏟기로 했다. 다행히 우리는 사업성을 보완해 3개월 뒤 2차 심사를 통과했고, 근거 없는 소문들도 깨끗이 불식시켰다.

마지막으로 사업계획, 일정 등 실행계획을 구체적으로 확정한 '실시계획인가'까지 마쳤다. 인가를 받은 실시계획은 그 누구도 임의로 중단하거나 변경할 수 없는 만큼, 사실상 착공을 한 셈이었다. 테크노밸리를 본격 준비한 지 3년 만에 이뤄낸 결실이었다.

한편으로는 그동안 우리가 예산과 행정절차 등 하드웨어를 완성하는 데만 힘을 쏟은 것이 중앙투자심사 1차 낙방이라는 패착을 둔 것이 아닌가 하는 생각이 들었다. 이제부터 일산테크노밸리 안에 무엇을 어떻게 채울 것인지 하는 소프트웨어 작업을 시작해야 했다.

우리는 일산테크노밸리에서 두 가지의 특별함을 찾아냈다. 하나는 '낮은 땅값'이고, 또 하나는 '높은 미래가치'였다.

## 04
# 대한민국의 끝자락에서
# 한반도의 중심으로

일산테크노밸리 부지는 기업으로서는 최적의 입지다. 한강이 바로 조망되는 매력적인 경관에다 김포공항과 인천공항이 근거리에 있으며, 강남까지 20분이면 주파하는 GTX 노선과 인천 2호선이 관통한다. 게다가 인근에 방송영상밸리, CJ라이브시티, 킨텍스 등 대규모 시설이 조성되어 시너지 효과를 낼 수 있다는 점은 더없이 큰 매력이다.

그러나 이런 막강한 매력을 상쇄시킬 치명적인 단점도 함께 존재했다. 바로 과밀억제권역과 군사보호구역이다. 고양시 전체가 과밀억제권역 적용을 받는 까닭에 고양시에 들어오는 기업은 취득세, 재산세가 더 부과되는 가혹한 운명을 맞는다. 숙명처럼 안고 있는 과밀억제권역 규제를 탈출할 유일한 방법이 하나 존재했다. 바로 일산테크노밸리에 '도시첨단산업단지'를 지정하는 것이었다.

도시첨단산업단지는 지식, 문화, IT 등 첨단산업 분야 기업을 육성하는 집적단지로, 이곳에 들어오는 기업은 파격적인 취득세·재산세 감면 혜택은 물론 원가 이하로 땅을 분양받을 수 있다.

그러나 도시첨단산업단지 지정은 쉽지 않다. 지정을 위해서는 해당 부지가 '공업용지'여야 하는데, 수도권 내 무분별한 공장 설립을 막기 위해 공업용지의 총량이 한정돼 있기 때문이다. 공업용지가 필요할 경우 다른 도시가 확보한 물량을 가져오는 방법밖에는 없다. 이미 확보한 공업용지를 서로 빼앗기지 않기 위해 치열한 신경전이 오가기도 했다. 고양시에는 단 한 평의 공업용지도 없다. 고양시에 기업과 공장이 단 한 곳도 발을 딛지 못하는 이유다.

전략적 접근이 필요하던 차에, 마침 타 지자체에 택지개발이 진행되며 공업용지 약 10만㎡를 해제하게 될 것이라는 소식을 들려왔다. 국토교통부부터 찾아가 요청했다.

"고양시에 3기 신도시가 지정된 이후 일산 주민들의 반발이 크다. 일산의 발전을 위해 공업용지를 배정해달라."

2019년 7월, 일산테크노밸리 전체 부지 중 11%인 10만㎡ 규모의 땅이 마침내 그토록 갈망하던 공업용지로 지정됐다. 기업 유치의 판도도 이전과 확연히 달라졌다. 우량 기업을 비롯해 270여 개 기업이 입주 의사를 타진해왔다. 공업용지 확보는 일산테크노밸리 기업 유치에 훌륭한 유인 요소가 되었다. 그런데 아이러니하게도 '공업용지'라는 말에 굴뚝 공장을 들여온다는 오해가 반대를 낳는 해프닝이 일어나기도 했다. 공업용지는 굴뚝 공장이 아니라 바이오, 전자, 반도

일산테크노밸리 사업설명회에 직접 나선 필자

체, 나노 등 첨단산업 관련 업체가 들어서는 부지로 도시 발전에 꼭
필요한 부지임에도 말이다.

아직 또 하나의 과제가 남아 있었다. 바로 일산테크노밸리 면적의
절반을 차지하는 군사보호구역이다. 군사보호구역 안에는 고도제
한이 있어 고층 업무빌딩을 지을 수 없다. 기업 입주에 치명적인 조
건이다. 설상가상으로 일산테크노밸리 안에 군사시설(방공진지)까지
자리 잡은 상태였다. 아무리 파격적인 혜택을 내세워도 '군사보호
구역'이라는 말에 규모 있는 기업들은 절레절레 고개를 저으며 돌
아서기 일쑤였다.

안보와 직결된 문제인 만큼 군부대를 설득하기란 쉽지 않았다. 그

러나 군부대와의 지속적인 협의 끝에, 군 관계자는 국가안보를 위해 수십 년간 희생해온 경기 북부 발전에 일산테크노밸리가 큰 도움이 된다는 점에 공감한다며 충분한 공간과 시설 구축 비용을 지원해 준다면 군사시설 이전을 검토해 보겠다는 뜻을 내비쳤다.

마침내 군사시설 이전, 그리고 고도제한 완화에 양측이 합의하며 군사보호구역 문제도 일단락됐다. 기업이 선뜻 발 디딜 수 없게 하던 굵직한 현안들은 해결했지만, 일산테크노밸리에 어떤 기업을 유치할 것인지가 더 큰 숙제였다.

사람들은 더 크고 넓은 자족단지를 만들라고 외쳐왔다. 그러나 전국 200개가 넘는 지자체가 기업을 유치하기 위해 러브콜을 보내는 상황에서, 터만 닦아 놓는다고 기업이 저절로 찾아오는 것은 아니다. 일산테크노밸리 하면 곧 떠오르는 상징성이나 차별성이 필요했다.

'한국판 실리콘밸리'로 불리는 판교 신도시는 계획 단계부터 IT 기업을 타깃으로 삼고, 공격적 유치 활동을 벌였다. 아시아 최초의 IT 신도시인 홍콩의 '사이버포트'를 본떠 IT 기업의 저렴한 활동 무대를 공급하겠다는 취지였다. 그 결과 카카오, 엔씨소프트, NHN 등 대기업·중견기업 10%를 포함해 1,300여 개 기업을 유치했고, 이들의 연 매출을 합하면 대한민국 예산 규모의 20%에 맞먹는 107조 원에 달한다.

그러나 이 과정이 단기간에 이뤄졌던 것은 아니다. 판교도 자족시설 용지를 만든 후 10여 년간 분양이 되지 않았고, 결국 모라토리엄까지 선언하기도 했다.

기업 유치는 긴 호흡으로 준비하는 장기전이다. 일산테크노밸리의 타깃 기업으로 구상한 것은 바이오 의료산업이다. 바이오산업이 코로나 시대에 사람을 살리는 백신이 되었다면, 포스트 코로나 시대에는 '경제를 살리는 백신'이 될 것이었다. 바이오산업은 공공성, 수익성 두 마리 토끼를 갖추었을 뿐 아니라, 어느 분야보다도 많은 벤처 창업과 일자리 창출이 가능하다.

2021년 여름, 코로나19 백신 개발로 전 세계가 고무된 가운데 백신을 개발한 모더나사에도 관심이 쏠렸다. 모더나사는 하루아침에 뜬 기업이 아니라 미국의 바이오 스타트업 지원단지인 '랩센트럴'이 오랜 기간 인큐베이팅한 작품이있다. 제2의 랩센트럴을 꿈꾸며 전국 각 도시에서 바이오 클러스터 유치 열풍이 불었다.

바이오산업 성장을 위해서는 '개방형 혁신'이 꼭 필요하다. 공공과 기업, 학계, 연구소와 의료기관이 함께 모태가 되어 오랜 산고의 기간을 거쳐야만 혁신은 탄생한다. 일산테크노밸리는 이러한 혁신이 가장 잘 일어날 수 있는 공간이다.


사실 고양시는 오래전부터 의료산업에 이미 남다른 강점을 갖춘 의료 인프라를 갖춘 도시였다. 바이오의 혁신을 이끌 개발과 임상이 가능하기 위해서는 기업뿐만 아니라 병원, 연구 인력이 한데 갖춰져 있어야 하는데, 고양시는 대형병원이 무려 7곳에 시민 1인당 평균 병상 수도 비슷한 규모 도시보다 많은 수준이다.

이와 같은 의료 인프라는 일산테크노밸리에 유치될 인공지능, 빅

제2회 고양평화의료포럼 행사

데이터 등 첨단 기술력과 연계되어 보다 큰 시너지 효과를 낼 것으로 보인다. 또 의료바이오산업의 성공 여부는 국제 경쟁력에 달려 있는데, GTX-A 노선에 더해 인천 2호선 일산 연장이 확정되어 사통팔달 접근성도 높아졌다.

여기에 더해 130여 곳의 대형 바이오 의약기업을 회원사로 둔 한국바이오의약품협회, 국내 의료기기 시장의 80%를 점유하고 있는 한국의료기기산업협회도 일산테크노밸리의 기업 유치를 돕기로 했다. 그러나 이것만으로는 차별성이 없었다. 원천기술을 확보하는 데 더해 조금 더 특별한 '전략'이 필요했다.

때마침 고양시에 소재한 국립암센터에서 솔깃한 제안을 해왔다. 일산테크노밸리에 남북 보건의료협력을 배후에서 지원 가능한 거대 의료연구복합단지를 함께 손잡고 만들면 어떻겠냐는 것이었다. 이른바 '접경지역'이라는 리스크를 기회로 활용해 다른 도시는 선택하기 어려운 특별한 전략을 만든 것이었다. 게다가 국내 최대·최고의 공공 암 연구기관인 국립암센터와 손을 잡는 것 또한, 다른 자치단체가 접근할 수 없는 특화된 의료협력 모델이 될 수 있었다.

물론 남북 관계가 이전에 비해 활발하지 못한 단점도 있다. 그러나 기회는 언제든 찾아올 수 있다. 특히 포스트 코로나 시대에서 남북 공동 의료방역망은 대화와 협력을 통해 더 큰 평화를 얻어낼 수 있는 당위적인 성격도 띠고 있었다.

**고양시는 대한민국에서는 끝자락이지만, 한반도에서는 한가운데다. 현재보다 미래의 가능성이 더 큰 땅이며, 미래의 가치까지 함께 품은 성장 전략이 고양시에 꼭 필요한 전략이다. 이제 곧 착공될 일산테크노밸리는 기업으로서는 그저 좋은 '장소'만 제공하는 것이 아니라 '기술'과 좋은 '네트워크'까지 제공하는 경기 서북부의 메가 허브가 될 것이다.**

제**9**장

# 3기 신도시의 진실

협상의 목표 역시 들어오는 주택만큼의 일자리는 있어야 한다는 것이었다. 그 결과는 예상보다 훨씬 성공적이었다. 협상을 통해 주거용지 비율을 전체 면적의 20%에 불과한 3만 8천 세대까지 낮췄다. 전례에 비추어 보면 신도시의 주택 비율이 보통 30~40%인 데다 자족 신도시로 꼽히는 판교도 26% 수준으로, 주택공급이라는 신도시의 목적과 다르게 매우 낮은 수준이었다.

# 01

# 3기 신도시, 고양을 뒤흔들다

2019년 5월, 국토부에서 날아든 3기 신도시 발표가 고양시 전체를 뒤흔들었다. 서울과 그 주변 집값이 폭등을 멈추지 않자 정부는 3기 신도시 5곳 조성으로 주택 20만 채를 공급하는 초강수 카드를 꺼내 들었다. 그중 한 곳이 고양시 창릉으로, 창릉에 짓게 될 주택은 약 3만8천 세대였다.

발표 직후 고양시, 특히 일산지역은 패닉에 빠졌다. 그리고 하나의 목소리만이 고양시를 가득 메웠다.

"창릉 신도시를 취소하라!"

**시청 인근에는 잔뜩 화가 난 주민들이 대거 몰려와 집회를 벌였고, 의회를 점령해 의사 진행이 중단되기도 했다. 일산 주민들은 거리로 나와 가두행진과 촛불집회를 벌였다. 온라인 지역 카페에는 3기 신도시 철회를 외치는 수백 개의 글이 올라왔고 청와대 국민청원도 쇄도했다.**

휴대폰에도 하루 수백 통씩 비난 문자가 쏟아졌다.

"국토부 장관과 짜고 일산을 팔아넘겼냐?"

"창릉이 생기면 일산이 슬럼가가 될 것이다!"

3기 신도시 중 유독 고양시의 반대가 극렬하고 강했던 이유는 바로 1기 신도시 주민의 반발이었다.

정부는 서울 인구를 확실히 분산하기 위해 3기 신도시를 서울과 최대한 가까이 배치했고, 창릉 신도시는 서울 경계와 불과 5킬로미터 거리였다. 반면 1기 신도시인 일산은 서울과 20킬로미터 떨어져 있고, 입주 30년이 되며 노후화가 시작됐다. 주민들로서는 충분히 상대적 박탈감과 소외감을 느낄 만했다.

어찌 됐든 이미 결정은 났다. 국가에서 절차를 거쳐 공식으로 발표한 신도시가 철회될 리 만무했다. 그러나 아무도 현실을 직시하지 않았다. 신도시를 지정한 당사자는 국토교통부였고 고양시에는 결정권이 없었지만, 비난의 화살은 모두 고양시로 쏟아졌다. '시장 나오라'고 외치는 화난 군중을 상대로 해명해야 하는 지경에 이르렀다.

"시장이 누군지 모르는 사람도 있었는데, 이번에 이름은 아주 확실하게 알렸네."

이런 우스갯소리를 하는 사람까지 있었다.

사실 나와 직원 몇 명은 3기 신도시 공식발표 몇 달 전 사전 통보 절차에 따라 이미 창릉 신도시 조성 계획을 알고 있었고, 정부의 엠바고 요구를 잘 지켰다. 그러나 이렇게 거센 반발이 있으리라고는

국토교통부 3기 신도시 발표 기자회견

예상하지 못했고, 그 반발의 대상이 정부가 아닌 고양시가 될 것이라고도 생각하지 못했다.

이유는 그 몇 달간, 고양시가 국토부와의 물밑 협상을 통해 애초 정부 계획보다 훨씬 더 유리한 쪽으로 창릉 신도시 계획안을 변경시켰고, 반대급부도 얻어냈기 때문이다. 오히려 다른 3기 신도시보다 정부가 너무 고양시에 과도한 혜택을 줘서 공격받는 것은 아닐까 하고 눈치가 보일 정도였다.

그러나 이러한 상세한 내막은 거센 반대 여론에 묻히고 말았다. "3기 신도시가 내린 1기 신도시 일산 사망선고!", "대규모 주택공급 폭탄!", "일주일 만에 일산 집값 1억 원 하락!" 등 자극적이고 근거 없는 낭설이 사람들의 눈과 귀를 가렸다. '창릉 취소'라는 네 글자 외에는 그저 소음이고 변명일 뿐이었다.

주택 수보다 더 많은 일자리를 창출할 수 있는 산업단지가 들어옴에도 '주택 대신 기업을 유치하라'고 외치고, 철도 노선을 대거 확보했는데도 '교통대책 없이는 신도시 없다'고 외쳤다.

　시장으로서 두 가지 선택지가 있었다. 하나는 주민 여론에 기대어 같이 창릉 반대를 외치고 정부를 탓하며 대중의 인기와 명분이라도 지켜내는 것, 또 하나는 정부의 정책에 발맞추어 창릉 신도시를 인정하고 더 많은 반대급부를 얻어내는 것이다. 무엇을 택하든 창릉 신도시는 철회되지 않을 일이었다.

　군이 따지자면 나는 후자를 택하기로 했다. 전면에 나서서 창릉 신도시에 찬성한다고 밝혔다. 그리고 기자회견도 열고, 간담회도 열었다. 아직도 많은 이들에게 알려지지 않은 협상 내막은 이러했다.

# 02

# 고양시로 날아든 한 장의 '통보'

3기 신도시 발표를 몇 달 앞둔 어느 날, 담당 직원이 시장실로 헐레벌떡 뛰어왔다. 3기 신도시 중 한 곳으로 고양시가 검토된다는 청천벽력 같은 소식이었다. 이 사실을 아는 사람, 그리고 알아야 할 사람은 나와 담당 부서 직원 3명뿐이었다.

보안각서를 쓰고 국토부에서 온 3기 신도시 건설 계획서를 펼쳐보았다. 계획안을 읽어보니 더욱 절망스러웠다. 주택비율이 상당히 높았다. 담당 직원에게 물었다. "거부권 있습니까?" 직원은 왜 당연한 걸 묻느냐는 표정으로 대답했다. "없습니다."

**신도시 조성은 전적으로 국가의 권한이다. 이미 결정한 후 고양시에 통보를 내렸을 뿐이다. 고양시에 협의서를 보낸 것 역시 3기 신도시의 '조성 여부'를 협의하기 위한 것이 아니라, 신도시 조성에 따른 '대책'을 협의하기 위한 문서의 의미였다.**

문서를 받아본 첫날은 왜 하필 고양시인가 하는 억울함마저 들었다. 이미 집도 많고 사람도 많은 베드타운 고양시에 3기 신도시를 투척한 것이 그저 원망스럽기만 했다.

그동안 나는 교통, 일자리, 기반시설 등 아무 대책 없이 인구만 늘리는 모든 개발사업을 반대해 왔다.

대책 없는 포도송이식 주택 난개발은 일명 '빌라'로 불리는 다세대주택 개발 문제에서 숱하게 경험했다. 길에서 '신축 빌라 즉시 입주'라고 쓰인 현수막을 흔히 볼 수 있다. 외곽지역에는 각 동 사이에 이격거리도 지키지 않은 채 다닥다닥 붙어 있는 빌라 단지가 많다. 양방통행은 고사하고 차 한 대 간신히 지나가기도 어려운 폭 3미터의 협소한 도로가 유일한 출입로다. 주차장도 부족해 설상가상으로 도로변 불법 주차까지 성행하면서 통행은 더욱 어려워진다.

사람은 점점 늘어나는데 이렇게 기반시설이 옹색하기 짝이 없는 이유는, 개발업체가 이익을 최대로 얻어가기 위해 주택을 한 동이라도 더 지으려 하기 때문이다.

허가권은 지자체가 개발업체의 '도를 넘은 과도한 사익 추구'를 방지하는 강력한 무기다. 지자체는 개발업체에 늘어나는 인구에 비례하는 도로, 공원, 주차장, 문화시설 등 공공시설을 지을 것을 요구하고, 이 조건에 따르지 않으면 사업을 불허할 수 있다.

그러나 법에도 맹점은 있다. 30세대 미만 소규모 주택개발은 허가를 받을 필요가 없다. 그래서 명의를 여러 사람으로 해서 29세대씩 주택을 짓는 '쪼개기 개발'이 비일비재했다.

시장 취임 당시 고양시에 총 15개의 주택조합 도시개발사업이 추진되고 있었다. 완공되면 총 5만3천 세대, 약 15만 명의 인구가 입주할 것이다. 개발업체들이 이익을 챙기고 떠나면 마을의 기반시설 부족에 대한 비난의 화살은 결국 지자체로 향하고, 지자체는 이곳에 세금을 투입해 기반시설을 설치하는 악순환이 일어난다.

"사업자가 부담해야 할 기반시설을 고양시 예산으로 해주는 게 말이 됩니까? 더는 이런 일이 발생하면 업무상 배임으로 간주하겠습니다."

결국, 이 조합주택 사업 7개를 반려했다. 당연히 거센 마찰과 갈등이 있었지만, 이 악순환을 끊어내는 일은 누군가는 꼭 해야 할 일이다.

3기 신도시 발표 후, 몰려드는 비난에 대해 나는 반문했다.

"대체 5만3천 세대가 들어오는 난개발사업은 찬성하고, 3만8천 세대 신도시는 반대하는 이유가 뭡니까?"

5만3천 세대의 주택만을 짓는 개발사업은 반대하지 않고 철도와 자족용지를 급부로 가져오는 3기 신도시 반대를 외치는 것은 적어도 내가 보기에는 명백한 모순이었다.

# 03

# 판을 흔들다

　　시장은 대승적인 이익보다는 자기 도시의 이익을 우선으로 생각해야 하는 사람이다. 신도시 반대가 선택지에 있다면 뒤돌아볼 것 없이 반대를 선택했을 것이다. 그러나 3기 신도시 건설은 이미 확정됐고, 반대를 선택할 권한조차 없었다.

　남은 선택지는 아주 간단했다. 바꿀 수 없는 현실을 부정하면서 명분만을 외칠 것인가, 아니면 현실을 인정하고 고양시의 이익을 최대한 얻어낼 것인가. 누군가 나서서 반대급부라도 얻어내지 않으면 고양시는 더는 소생조차 할 수 없는 베드타운으로 전락할 것이다.

　**우리에겐 허가권도 반려권도 없지만 '협상권'이라는 카드가 남았다. 남은 하나의 권한에서, 더 큰 반대급부를 얻어낼 수 있지 않을까 하는 기대감이 들었다. 직원들에게 말했다.**

　**"그러면 협상하지 마십시오."**

　**이후 2주간, 우리는 국토부 관계자와의 협상을 일절 거부했다. 판**

**을 흔들기 위해서였다.**

고양시가 이렇게 고자세로 나설 수 있었던 것은 상황이 고양시에 유리했기 때문이다. 부동산시장 안정을 위한 정부의 주택공급 의지는 확고했고, 정부의 의지가 확고할수록 우리의 협상력은 비례해서 커지기 마련이었다.

중요한 건, 우리가 어디까지 얻어낼 수 있는가, 정부는 어디까지 해줄 수 있는가 하는 두 이해관계에서 접점을 찾는 일이었다. 그러기 위해서는 시장이 더 완강해지는 수밖에 없었다. 협상에 앞서 '비장한' 지시를 내렸다.

"3기 신도시로 얻는 불이익보다 더 큰 이득을 얻어내야 합니다. 그렇지 않으면 아무것도 서명하지 마십시오."

협상 테이블에 앉는 직원들에게는 큰 압박이고 부담감이었을 것이다. 직원들은 시장이 3기 신도시 정책에 반대하고 있다고 생각했다고 한다. 그러나 단호하지 못한 어중간한 태도로는 원하는 결과를 결코 얻어낼 수 없었다.

우리 쪽 요구사항은 크게 두 가지였다. 주택 비중을 더 줄이고, 주택만큼의 산업시설을 조성하는 것, 또 하나는 고양시가 수십 년 동안 요구해온 철도망을 신설해달라는 것이었다. 이 두 가지는 이번 기회가 아니면 앞으로 수십 년 동안 얻지 못할 선물일지도 모르기 때문이다.

고양시는 지난 30년 동안 산업단지를 단 하나도 조성하지 못했다. 물론 시도는 있었다. 그러나 소문만 무성하던 외교단지나 법조단지는 무산됐고, 금융타운과 출판단지는 각각 인천과 파주로 건너갔으며, 일산테크노밸리와 방송영상밸리는 아직 첫 삽조차 뜨지 못했다.

누군가는 산업단지는 그냥 시에서 직접 만들면 되는 거 아니냐고 하겠지만, 기초자치단체인 고양시는 그런 권한 자체가 없거니와 수조 원의 천문학적인 사업비를 마련하기도 어렵다.

또 하나, 시민들이 요구하는 가장 빈번하고 강도 높은 민원은 '철도 신설'이다. 철도는 시간대와 상황에 따라 정체되는 도로와 달리 항상 빠르다. 비가 오나, 눈이 오나 늘 그 시간에 정해진 곳에서 사람들을 기다린다. 한 번의 철도 운행으로 버스 30대만큼의 승객을 이동시킬 수 있으며, 환경비용 역시 도로의 2.5%에 불과한 친환경 교통수단이다. 역 주변에 인구와 인프라가 집중된 역세권을 형성해 경제 파급 효과도 톡톡히 볼 수 있다.

그런데 고양시는 인구 109만이라는 말이 무색하게 단 두 개의 철도 노선만 있다. 게다가 이 철도는 오로지 서울만을 향해 있다. 매일 아침, 고양시 지하철에서는 조용한 전쟁이 벌어진다. 어느 곳에서 타든 목적지는 하나같이 서울이고, 서울에 도착하기 전까지 내리는 사람은 거의 없다. 피곤함을 짊어지고서라도 조금 더 서둘러 출근하지 않으면 앉아서 가는 호사를 누릴 수 없다.

교통(交通)은 사람이 자유롭게 오고 가는 일이다. 그런데 경제인구 절반이 서울 등지로 출근하다 보니 고양시 교통은 서울로의 단방향이 됐다. 아침에는 동맥처럼 사람을 뿜어내고, 저녁에는 정맥처럼

출근 시간, 지하철 3호선을 기다리는 고양시민들

사람을 빨아들인다.

선택권이란 없다. 불편을 감수하고 진칠을 타든지, 정체를 감수하고 자가용을 타든지 둘 중 하나다. 내비게이션도 더 빠른 길을 알려주지 못한다. 더 빠른 길 자체가 존재하지 않기 때문이다.

교통난의 해답이 철도일지라도, 고양시에서 아무도 이 해답을 실행할 권한과 예산이 없었다. 국가에서 광역철도망 구축 계획에 철도 노선을 공식적으로 포함해야 하고, 포함되더라도 노선의 효과성과 타당성을 검토하는 '예비타당성 조사'라는 높은 장벽도 넘어야 한다.

소요 예산도 막대하다. 철도 노선 1킬로미터를 놓는 데 1천억 원 이상이 소요된다. 도화지에 선 긋듯 쉽게 놓을 수 있는 일이 아니다. 경의 중앙선의 경우 신설이 아닌 일부 구간 복선화에도 10년 가까운 시간이 걸렸다. 어쩌면 복권 1등 당첨보다도 더 어려운 것이 철도 설치다.

그러나 모두가 너무 쉽게 철도를 약속했다. 고양시를 거쳐간 정치인 모두 교통망 개선, 특히 철도를 1순위 공약으로 내걸었지만, 실현까지 이르지 못했다. 심지어 인구가 10만 명 이상의 신도시를 개발할 때조차 제대로 된 교통대책이 실행되지 못했다.

기초지자체가 정부를 설득하는 것은 결코 쉬운 일이 아니다. 산업단지를 들이는 것도, 수천억 원의 예산을 확보하는 일도, 정치적 결단을 얻어내는 일도 어느 하나 쉽지 않다.

그런 점에서 창릉 신도시는 20년 넘게 고양시가 쳐다볼 수조차 없었던, 정부와 대등한 관계의 협상 테이블에 앉을 기회였다. 정부와의 협상 전선은 자족 기능과 광역교통 전반에 걸쳐 있었지만, 가장 중요한 것은 철도망 구축이었다. 도로는 자체적으로 놓을 수 있어도, 철도는 절대 고양시 자력으로 설치할 수 없는 성질의 것이다.

고양시의 협상 원칙은 단순했다. 철도를 더 많이, 더 깊숙이 끌어올 것, 그리고 비용을 최소한으로 부담할 것.

창릉은 고양시에서 서울과 가장 인접한 지역이다. 정부는 창릉을 중심으로 한 교통대책만을 제시했다. 반면 우리는 창릉이 유발하는 교통 수요를 중심으로 고양시 전체에 대한 철도망 구축을 요구했다.

# 04

# 2주 만에 얻어낸
# 두 개의 철도와 일자리

마침내 국토부 관계자와 대면했다. 상당히 조급한 기색이었다.

국토부 관계자는 먼저 전철 카드를 내밀었다. 1조4천억 원을 투입해 고양과 서울을 잇는 최단거리에 고양~은평선을 설치해주겠다고 했다. 국토부가 제안한 고양~은평선은 고양시청에서 서울 새절역까지 7개 역을 지나는 노선으로, 거리상으로는 짧아도 출퇴근길 교통정체 해소에 큰 도움이 될 듯싶었다. 직선 노선이 없던 여의도까지 연결돼 이동시간을 절반으로 단축할 뿐만 아니라, 열차가 지나지 않던 3개 택지개발지구와 구도심까지 고양시 인구의 약 10%가 직접적인 혜택을 볼 수 있게 된다.

협상은 여기에 그치지 않았다. 또 다른 광역교통대책으로 대곡~소사선 연장까지 얻어냈다. 1킬로미터도 되지 않는 한강 하나를 마주보고 있는 김포와 부천 지역은 가장 가까우면서 가장 먼 이웃이었다. 대곡~소사선은 대곡을 출발해 능곡, 김포공항을 거쳐 부천까지 연결하는 고양시의 첫 '한강철도'로, 국토부는 협상 전까지만 해도 이 노선을 대곡까지만 운행한다는 계획이었다.

그러나 대곡역은 고양시의 가장 외곽이자 한강변에 있는 역으로, 고양시 안쪽까지 이어지지 않으면 한강철도로서의 의미가 크게 없다. 철도를 일산까지 연장해달라는 주민들의 요구가 수년간 빗발쳤고, 우리도 반 년 넘게 국토부와 협상을 시도했지만 비용 부담 문제 등으로 쉽게 합의점을 찾지 못한 상태였다.

배수의 진을 치고 임한 우리의 협상 과정에서 대곡~소사선을 결국 일산역까지 연장하기로 합의를 보았다. 이로써 고양시는 사실상 또 하나의 한강다리를 놓게 됐다. 그뿐만 아니라 대곡~소사선은 남쪽으로는 호남·충청을 지나는 서해선과 연결되는데, 대곡~소사선 일산 연장으로 북쪽으로는 경의선과 연결돼 개성·평양·신의주까지 한반도 서쪽을 길게 잇는 노선으로 업그레이드됐다, 남북 평화 국면 시 경협 단지를 지원할 배후 교통망으로도 손색이 없게 됐다.

여담이지만, 대곡~소사선을 일산까지 연장하는 비용도 고양시의 협상 결과라고 할 수 있다. 국토부는 고양시의 요구사항이니 고양시가 비용을 부담하면 승인하겠다는 원론적 입장만을 고수했고, 우리는 중앙정부가 만든 신도시를 위한 교통대책이니 중앙정부의 비용으로 부담하라는 입장이었다.

1조5천억 원이 넘는 대곡~소사선 총사업비에서 고양시에 요구한 127억 원은 정부 입장에서는 큰돈이 아니지만, 고양시 입장에서는 막대한 지출이었다. 결국, 국토부는 고양시에 요구한 127억 원의 일산 연장 비용을 86억 원까지 낮춰주기로 합의하며 한발 물러선 모습으로 협상을 체결했다.

그러나 **이대로 만족하기에는 이번 협상은 다시 올 수 없는 천재일우의 기회였다. 그동안 고양시에 필요했던 철도를 최대한 끌어내야 한다. 그래서 욕심을 더 부려보기로 했다. 고양~은평선을 고양시 안쪽인 일산까지 연장하여 인천 2호선과 연결해달라고 요구했다.** 국토부 관계자는 난색을 표하며 거절했다. 그럼 고양~은평선을 외곽 지역인 식사역까지만이라도 연장해달라고 절충안을 내놓았지만, 이마서도 사업 타당성이 부족하다며 기부했다.

이에 우리 요구가 관철되지 않으면 협상 테이블에 앉지도 않겠다며 완강하게 맞섰고, 국토부 장관이 3기 신도시를 발표하기 바로 전날 저녁까지도 협상이 결렬됐다. 팽팽한 줄다리기 끝에 고양~은평선은 일단 고양시청역까지만 운행하는 것으로 발표하고, 추후 논의를 통해 식사역 연장 여지를 남기는 정도로 합의했다.


또 하나 강력하게 요구했던 것은 주택을 줄이고 자족용지 비율을 높이는 것이다.

고양시는 베드타운이다. 집이 많아도 너무 많다. 여기에 더 많은 집을 투하한다면 적어도 주택만큼 일자리가 따라온다는 전제가 있어야 한다. 그러나 처음 국토부가 제시한 주택 비율은 훨씬 높았고 또 다른 베드타운을 만드는 개발사업에 불과했다.

협상의 목표 역시 들어오는 주택만큼 일자리가 있어야 한다는 것이었다. 그 결과는 예상보다 훨씬 성공적이었다. 협상을 통해 주거용지 비율을 전체 면적의 20%에 불과한 3만8천 세대까지 낮췄다. 전례에 비추어 보면 신도시의 주택 비율이 보통 30~40%인 데다 자족신 도시로 꼽히는 판교 역시 26% 수준으로, 주택공급이라는 신도시의 목적과 다르게 매우 낮은 수준이었다.

자족용지 비율도 40%까지 높였다. 이는 판교의 2.5배가 넘는 면적으로, 신도시 개발 역사상 가장 높은 자족용지 비율이었다. 게다가 주택 수보다 2.6배 더 많은 일자리가 창출되어 그동안 고양시에 부족했던 자족 기능까지 보완할 수 있는 기회였다.

현실적으로 3중 규제에 둘러싸인 고양시 여건에서 이 정도의 자족시설부지를 마련하는 것은 다시없는 기회였다.

# 05

# 7개의 철도를 추가로 얻어내다

협상이 마무리됐나. 그러나 원하는 철도망의 아직 빈도 얻어내지 못한 우리는 창릉 신도시 공식 발표 후에도 묵묵히 후속 작업을 이어갔다.

현재 고양시 철도가 단 두 개 노선인데, 모두 남쪽에 치우쳐 있는데다 서울을 향하는 단방향 노선이었다. 자유로, 서울문산고속도로, 통일로 등의 도로도 마찬가지로 오로지 서울을 향해서만 길을 허용했다. 그 때문에 부천까지 자동차로 30분 걸리지만, 지하철로는 2시간이 걸린다.

텅 빈 고양시의 북쪽과 중앙을 관통하는 철도, 그리고 더는 서울만을 향한 노선이 아니라 수도권의 다양한 방향으로 뻗은 다원적 노선이 필요했다. 우리는 고양선을 비롯해 그동안 고양시가 요구해온 7개 노선을 국가 계획으로 정식 반영할 것을 요청했다.

그중 하나인 인천 2호선 일산 연장은 인천까지 한 번에 연결되는 최초의 노선으로, 고양시에는 단비와 같은 노선이었다. 대곡~소사선과 함께 경기 북부 최초로 한강을 건너는 노선이자 남쪽인 김포·부천·인천까지 직접 연결하는 첫 노선으로, 일산대교의 비싼 통행료를 지급할 필요도, 행주대교로 돌아가는 낭비도, 서울을 경유하는 지하철을 이용할 필요도 없는 매우 실용적인 노선이었다.

대화에서 파주까지 연장되는 지하철 3호선, 삼송에서 용산을 이어줄 신분당선 등 고양시의 교통지도를 좀 더 촘촘하게 메워줄 노선도 요구했다.

그런가 하면 경기 북부까지 잇는 '고양 관산 경유 5차 계획반영 교외선 재개통'과 선거공약이던 지축과 금촌을 연결하는 '통일로선'도 요구하여 수도권 서북부 철도교통망의 완성을 꾀했다.

교외선은 철도망이 거의 전무한 경기 북부를 동서로 잇는 유일한 철도로, 2004년 적자로 운행이 중단돼 사실상 폐선으로 방치되고 있었다. 정부도 10여 년 전부터 교외선 재개에 노력했으나 경제성 문제로 번번이 좌절됐다.

그러나 주민들의 계속된 요청에 따라 경기도와 고양·의정부·양주 3개시가 교외선을 다시 살려내기 위해 직접 나섰다. 이 과정에서 가장 걸림돌이던 고양시 비용 분담도 줄이는 쾌거가 있었다. 운행 재개로 혜택을 크게 보는 것은 의정부시와 양주시지만, 교외선 노선의 절반을 고양시가 차지하는 까닭에 운영비 부담이 큰 상황이었다. 이에 시설개량비 500억 원은 국비로, 이후 운영비는 교외선 재개로 수혜가 큰 지자체가 고양시의 초기 운영비까지 부담하기로 했다.

지금은 멈춰 버린 교외선 열차(대정역)

많은 시민이 창릉 신도시를 반대하며 교통체증을 걱정했다. 그도 그럴 것이 1기·2기 신도시를 건설하며 약속한 교통대책을 시행하지 않았기 때문일 것이다. 우리도 그와 같은 경험을 충분히 숙지하고 있었다. 당연히 과거의 실수를 되풀이하지 않을 대책도 마련했다.

우리는 국토부에 '선 교통 후, 개발'을 강력하게 요청했다. 철도사업을 제아무리 유치해도 적기에 분담금을 마련하지 못한다면 사업 착공이 늦어진다. 그래서 예산을 최대한 짜내어 정부의 광역교통 사업에 대비한 고양시의 분담금 1,200억 중 550억 원이 넘는 철도사업 특별회계를 비축했다. 훗날 발생할지도 모르는 정부의 '침대축구'에 대비하고자 함이었다. 먼저 태클을 걸어온 수비수의 다리 위에 누울 수는 없는 일이었다.

결국, 정부는 제4차 국가철도망구축계획을 통해 고양시가 요구한 모든 철도 노선을 국가 계획으로 확정했다. 또 너무 적은 승차 정원과 넓은 배차 간격으로 시민을 답답하게 했던 경의선 객차를 늘리기 위해 국토부에서 330억 원을 투입하겠다고 했고, 경의중앙선 탄현역 정차도 확정해냈다. 이외에 도로 신설 등 16개 사업 총 2조2,500억 원을 고양시에 투입하는, 그야말로 역대급 광역교통 개선대책이었다.

국가가 결정하면 바로 현실로 이루어지는 강력한 중앙집권적 시대인 1970년대와 1980년대에도 수도 서울의 지하철 1호선 착공부터 3호선 일산선 준공까지 무려 25년이라는 긴 시간이 걸렸다.

과정 역시 순탄하지만은 않았다. 국가 재정 투입, 인접 자치단체와의 협의, 주민들의 요구와 보상까지 어느 하나 쉬운 작업이 없었다. 그러나 창릉은 단 2년 만에, 아무런 부침과 난항 없이 9개의 풍성한 철도노선을 고양시에 가지고 왔다. 수십 년간 고양시 지도에 없던 선을 그었다.


불과 30년 전만 해도, 일산 주민들은 한약 한 재를 짓기 위해 유일한 버스노선 158번을 타고 서울역까지 가서 지하철을 갈아타는 2시간의 여정을 감내해야 했다.

행신지구, 삼송지구, 향동지구 중간에 휑한 빈터로 남아 도시를 단절시켰던 그린벨트가 창릉 신도시를 계기로 덕양구를 하나로 연결할 수 있게 되었고, 완전히 만족할 순 없지만, 고양시 밖은 물론 도심 내외를 관통하는 철도망을 완성할 수 있게 됐다.

GTX 지하시설 공사를 위해 흙먼지를 일으키는 굴착기를 보며 그

옛날 158번 버스 뒤의 흙먼지를 떠올린다면 너무 감상적이랄까.

많은 이들이 반대하고 비난한 창릉 신도시, 시민의 대표로서 억울함, 미안함, 원망 등 다양한 감정이 복잡하게 얽혀든 시간이었다.

**그러나 결국, 20년 넘게 변화가 없던 고양시 광역교통이 지도를 촘촘히 메우고, 베드타운에 새 일자리를 가져다주는 대전환점을 만들어냈다. 창릉 신도시라는 위기를 기회로 삼고자 한 '생각의 전환'이 없었다면 불가능한 일이었다.**

20년 후 창릉에 있는 회사로 출근하면서, 혹은 대곡역에서 고양선을 타고 새절역에 내려 서울로 출근하며 "고양시에 창릉은 유치되지 말았어야 한다!"고 외치는 사람이 있을지 되묻고 싶다.


2021년 말, 일산서구 지역에 대단위 공공 주도 개발계획이 발표되었다. 이 그림의 청사진은 2018년부터 시작한 2035 도시기본계획이며 2019년 창릉 신도시 발표 이전부터 착수한 작업이다. 2020년 말 경기도 GH공사는 조심스레 JDS 지구 공공개발 의향을 타진해왔다. 1년여 논의 끝에 가좌지구, 대화지구, 덕이지구 등 각각 서로 분절되어 연결성이 없고 주택만 덩그렇게 놓여 있는 공간에 평화경제시대 일자리를 준비하고 각 주거단지를 연결하며 부족한 철도교통 등 인프라를 채우기 위한 도시계획을 고민했다. 그 내용의 시초는 2018년부터 시작한 2035 계획이며, 그 와중에 창릉 신도시가 먼저 발표되었다.

도시는 움직이는 것이다. 한꺼번에 모든 지역을 다 개발할 수 없고, 개발되면 최소 50년 이상은 버텨주어야 한다. 자원 낭비라는 비난을 듣지 않을 시멘트 콘크리트 구조가 가진 최소한의 내구성 인정만큼의 수준은 말이다. 그러나 현대사회의 이익 구조는 시멘트 콘크리트의 이런 자존심도 지켜주지 못한다. 도시 한 부분은 철거되고 또 한 부분은 움터난다. 이것이 도시생태학의 이치다.

그렇게 창릉 신도시 반대를 외치던 그 논리가 왜 JDS지구에는 예외로 적용되고 있는지, 각 당의 대선후보마다 수도권에 아파트를 짓겠다고 공약하는데 왜 똑같은 논리로 반대하지 않는지 묻고 싶다. 시장 집까지 쳐들어와 촛불집회까지 벌여가면서 반대하던, 현수막을 붙이고 하루 시정 질문에 7명의 의원님들이 나서던 이 모진 시간들도 또 하나의 교훈이 될 것이다.

# 제10장

# 일회용 도시의 종말

급격한 도시화가 낳는 사회적 문제를 인식한 일본이나 유럽 그리고 미국 등 선진사회에서는 1970년대부터 일찍이 재건축, 재개발 방식의 반대급부 개념으로 도시재생을 시작했다. 수십 년 후 도시재생과 재건축은 도시의 성장 방식으로 적절히 공존하게 됐다. 우리에게도 10여 년 전부터 도시재생이라는 단어가 찾아왔다. '도시재생'은 아직 우리나라에서는 낯설고 어려운 개념이다.

## 01
# 주민의 힘으로 다시 태어난 능곡역

지난 3년 고양시정 중 가장 가슴 뭉클한 일이 있다면, 철거될 뻔한 옛 능곡역을 주민들의 힘으로 지켜낸 일이다.

경의선과 교외선 열차가 지나던 능곡 기차역은 무려 110년 된 건물로, 일제강점기인 1904년 영업을 시작했다가 2009년 경의선이 복선화되면서 문을 닫게 됐다.

이곳 능곡역 일대는 자동차가 흔치 않았던 1980년대까지만 해도 고양시 최고의 교통중심지이자 번화가였다. 능곡동 토박이 주민들은 한강에서 불어오는 아침 바람을 맞으며 능곡역에서 통근하거나 통학했던 추억을 안고 있다. 맞은편에는 자연스럽게 시장이 형성됐고, 5일마다 열리는 장에는 직접 키운 채소를 팔러 나온 주민과 멀리서 온 보따리상인 그리고 손님으로 북적거렸다.

이 역사(驛舍)는 운영 중단 후 아무도 손대지 않은 채 방치됐고, 10년 후인 2018년 정말로 역사(歷史) 속으로 사라질 뻔했다. 한국철도공단이 철도통합관리소를 신축하면서 능곡역 철거를 결정한 것이다.

그러자 주민과 지역 의원들은, 능곡역은 그 누구도 함부로 부술 권리가 없는 마을의 오랜 유산이라며 온몸으로 철거를 막아서고, 연대 서명 운동을 벌였다. 결국, 철도공단은 주민들의 끈질기고 거센 요구에 두 손을 들었고, 능곡역 존치를 결정했다.

그러나 능곡역의 출입을 막기 위해 주변에 설치했던 낡고 녹슨 장막 펜스는 10년이 지나 흉물이 되어버렸고, 능곡동 전체의 풍경까지 을씨년스럽게 만들었다. 당장 철거 위기는 모면했지만, 이대로 방치하면 주민들이 지켜낸 이 소중한 유산은 그대로 소실되거나 무너질 수 있었다.

고양시는 철도공단으로부터 능곡역을 매입해 보존하기로 결정하고, 8개월 만에 속전속결로 능곡역을 사들였다. 그리고 내부를 리모델링해 주민에게 개방하기로 했다. 민간과 공공의 절묘한 콤비 플레이였다.

능곡 주민들은 여기서 멈추지 않았다. 사람들이 하나둘 빠져나가 슬럼화해 가던 능곡동 전체를 되살리고자 '도시재생 뉴딜 사업' 공모에 도전해보기로 했다. 주민과 상인연합회, 그리고 고양시가 의기투합했다.

까다로운 심사 조건에 부딪혀 두 번이나 낙방했지만, 주민들은 심기일전해 도전을 거듭했다. 이러한 주민들의 열정과 오랜 준비 그리고 유난히 높은 주민참여율이 높은 점수를 받아 마침내 3수 끝에 2019년 사업에 선정됐고 국비와 도비를 합해 총 사업비 150억 원을 확보했다. **이렇게 따낸 사업비의 절반은 주민이 지켜낸 능곡역을 주민 공간**

옛 능곡역사를 리모델링한 토당문화플랫폼

으로 리모델링하는 데 사용했다. 능곡역 양옆으로 새로운 건물을 추가 조성해 공유부엌, 교육공간 등으로 만들고 주민들이 직접 '능곡 1904'라는 이름도 붙여주었다.

낡은 건물과 마을이 안고 있는 역사와 문화, 가치에 공감하고 주민 스스로 지켜낸 데서 능곡의 재생은 시작됐다. 관에서 도운 것은 단지 능곡역을 비롯한 마을의 물리적인 리모델링일 뿐이었다.

도시재생 사업을 누군가 어느 날 해보자고 제안한 것도 아니고 강제로 명한 것도 아니지만, 그렇게 도시재생은 주민들 사이에서 자생적(自生的)으로 움트고 있었다.

## 02
# 전면 철거와 신축의 역설

사람이 언젠가는 늙고 병드는 것을 피할 수 없듯, 도시도 나이를 먹는다. 혹은 시대의 변화에 따라 쇠락하기도 한다. 이렇게 낡은 도시 곳곳을 고치고 되살려 활력을 불어넣는 작업이 도시재생이다.

1980년대 조선업으로 부흥했던 스웨덴 말뫼는 한국 등 신흥 조선강국이 등장하면서 급격히 쇠퇴했다. 약 3만 명이 일자리를 잃고 썰물처럼 도시를 빠져나갔고, 도시의 상징이자 자긍심이던 조선소의 초대형 크레인을 한국에 단돈 1달러에 매각하며 '말뫼의 눈물'을 흘려야 했다.

눈물 흘리던 말뫼를 다시 일으킨 것은 도시재생이었다. 크레인이 사라진 자리에 친환경 주상복합건물 '터닝 토루소'를 건설하고, 벤처기업단지, 대학교, 친환경주택 등 첨단친환경도시로 도시의 체질을 탈바꿈하며 이전보다 2배 많은 6만3천 개 일자리를 만들어냈다.

도시재생으로 다시 태어난 스웨덴 말뫼(전·후)

　급격한 도시화가 낳는 사회적 문제를 인식한 일본, 유럽, 미국 등 선진사회에서는 1970년대부터 일찍이 재건축, 재개발 방식의 반대급부 개념으로 도시재생을 시작했다. 수십 년 후 도시재생과 재건축은 도시의 성장 방식으로 적절히 공존하게 됐다.

　우리에게도 10여 년 전부터 도시재생이라는 단어가 찾아왔다. '도시재생'은 아직 우리나라에서는 낯설고 어려운 개념이다. 도입된 지 아직 얼마 안 됐기도 하지만, 일단 도시를 다시 되살려 쓴다는 개념 자체부터가 사람들의 정서에 썩 와닿지 않는다. 우리나라는 오래되고 기반시설이 열악한 마을 전체를 싹 밀어버리고 마을을 '리셋'하는 전면 철거와 신축 방식에 익숙해져 있기 때문이다.

우리나라는 선진국이 수백 년에 걸쳐 이뤄낸 도시화를 60년 만에 단기 속성으로 이뤄냈다. 한국전쟁으로 폐허가 된 땅에서 도시의 팽창을 곧 국력이라고 여기며 수백만 호의 아파트를 뚝딱 지어냈다.

도시개발의 급행열차를 타고 있던 사람들은 낡고 초라한 건물을 헐어내고 멋진 건물이 촘촘히 들어서는 광경에 환호했다. 도시는 수십 년간 모든 것을 빨아들였다. 인구뿐만 아니라 자원과 환경, 개인의 삶과 여유까지.

그리고 이 도시에 속하지 못한 사람들의 자존감도 빨아들였다. 도심 외곽이나 지방에 사는 사람들은 상대적 박탈감을 느꼈고, 기회만 있으면 도시의 일원으로 편입되고 싶어했다. 그렇게 수많은 외곽도시가 슬럼화해갔다. 슬럼화한 지역은 개발업자와 토건업체의 좋은 사냥감이 됐고, 또다시 낡은 건물을 헐어내고 새로 짓는 재개발의 악순환이 이어졌다.

한 번 쓰고 버릴 종이컵을 소중히 다루거나 애정을 쏟는 사람은 없다. 도시도 그렇다. 어떻게 되살릴지 방법을 고민하는 것 자체가 의아한 일이다. 낡으면 어느 시점에서인가 버리고 다시 지으면 되는 '일회용품'이기 때문이다.

우리는 신나게 도시를 지었지만, 도시를 되살릴 방법은 아무도 고민하지 않았다. 불과 수십 년 사이에 진행된 도시화와 재개발로 대한민국 도시 곳곳은 기반시설 부족, 교통난, 쓰레기 문제 등 뒤늦은 후폭풍을 겪었지만, 그저 리셋하고 다시 짓는 것만이 답이라고 생각했다.

**전면 철거와 신축 방식의 부작용은 서서히 드러났다. 우리나라 재**

**개발은 주택공급이 주 목적이다. 거점시설을 지어 생산적 가치를 창출하기보다는 아파트 공급으로 부동산 가치를 높여 이익을 창출한다. 그 때문에 이득을 얻고 행복해지는 것은 기존 마을 주민보다는 개발업체와, 시세 차익을 노리고 집을 사들인 투자자가 대부분이다.**

낡은 집에는 대개 돈 없고 힘없는 사람들이 살고 있다. 이들은 정든 마을에 계속 거주하고 싶어도 개발사업 추진 과정에서의 높은 부담금 혹은 고액의 분양가를 부담할 여력이 없다. 이들이 얼마 되지 않는 돈을 갖고 정착할 수 있는 곳은 더 열악한 외곽지역뿐이다.

2007년 고양시 구도심 중 하나인 원당에 뉴타운사업이 발표됐다. 당시 원당 주민의 75%가 세입자였다. 대한민국 법 어디에도 세입자의 권리는 보장돼 있지 않았고, 이들이 할 수 있는 일은 고작 몇 천만 원의 보증금을 갖고 새로운 거처를 찾는 것뿐이었다.


부작용은 이뿐만이 아니다. 개발업체는 한 번의 개발로 최대한의 이익을 얻기 위해 도로, 공원 등 주변 기반시설은 최소화하고 건물은 최대한 고층·고밀도로 짓는다. 일명 '닭장집', '관짝집'으로 불리는 5평 남짓한 홍콩의 아파트들은 이 고층 고밀도 건물의 가장 극단적인 사례다.

이 고밀도 고층건물은 이익의 극대화를 위한 공간의 효율을 고려할 뿐, 정작 그 안에 살아갈 거주자를 하나의 사람으로서 존중하지 않는다. 또 한 도시의 인프라와 자원으로 감당할 수 있는 인구수를 초과하게 함으로써 오늘날 우리가 겪는 삶의 질 하락, 환경오염, 교통체증 등 각종 도시문제를 유발한다. 특히 이 고밀복합건물은 사용 과정에서 엄청난 양의 탄소를 배출하며 환경비용을 발생시키는데, 이 비용은 또다시 돈 없고 힘없는 사회적 약자에게 전가된다.

뉴욕 중심부에는 하늘을 찌를 듯한 300여 개의 초고층 건물이 서로 경쟁하듯 위용을 뽐낸다. 여기에 근무하거나 거주하는 이들이 누리는 탁 트인 전망과 쾌적한 환경을 유지하기 위해, 이 건물들은 뉴욕에서 발생하는 온실가스의 70%에 달하는 막대한 탄소를 배출한다. 그러나 이 건물들이 파괴한 대기의 가치와 복구비용은 건물주에게 청구되는 어떤 고지서에도 담겨 있지 않다.

1995년, 뉴욕과 1천여 킬로미터 떨어진 시카고에 이상기후로 인한 사상 최악의 폭염이 찾아왔다. 당시 기온은 40도, 체감온도는 무려 51도였다. 에어컨은커녕 선풍기조차 없던 빈민가 사람들은 길거리로 뛰쳐나와 소화전 뚜껑을 열어 그 물로 더위를 식히는 등 버텨내기 위해 애썼지만, 결국 일주일 만에 700여 명이 폭염에 목숨을 잃었다. 돈 있는 사람들이 파괴한 대기의 오염비용을 빈민층이 목숨으로 갚은 것이다.

숨진 이들은 이름도 없이, '폭염에 사망하다'라는 단출한 글귀와 함께 인근 공터에 묻혔다. 이 죽음의 원인이 과연 자연재난인지, 아니면 사회적 타살인지 아무도 묻지 않았다.

게다가 이 40층, 50층짜리 건물은 오랜 세월이 지나 수명을 다했을 때 쉽사리 철거도 재생도 하기 어려운 애물단지가 된다. 그때 이 건물을 누가 헐고 다시 지을 것인지, 그 비용을 누가 부담할 것인지

재개발로 철거된 주택지역

는 어떤 개발계획에도 담겨 있지 않다. 건물은 마치 폭탄 돌리기처럼 계속 후대로 뒤처리가 떠넘겨지다가, 결국은 가장 돈 없고 주거가 절실한 빈곤층이 모여 사는 빈민굴로 전락하게 되고, 이들은 건물과 운명을 함께 할 것이다.

이렇게 재개발사업에서 이익을 얻는 사람과 비용을 부담하는 사람이 서로 다른 것은, 재개발사업이 근본적으로 안고 있는 '이익의 카르텔' 구조 때문이다. 소수의 대기업과 자본가, 개발업체가 암묵적으로 맺은 이 카르텔의 목표는 바로 '현재의 이익'을 극대화하는 것이다. 이들이 진 빚은 이 카르텔에 편입되지 못한 사회적 약자, 그리고 수십 년 후 이곳에 살아갈 미래 세대가 갚게 된다.

한정된 국토, 한정된 자원 안에서 현세대의 욕망을 최대한 뽑아내는 개발사업은 미래 세대와의 제로섬 게임이며, 단 한 번만 성공할 수 있는 '일회용 개발'이다. 도시를 새롭게 만들 수는 있지만, 지속해 나갈 수 없다.

그래서 시작한 것이 도시를 조금씩, 서서히 고쳐나가는 도시재생이다.

# 03

# 말로만 재생, 말로만 공동체

2007년부터 시작된 전국적 재개발사업이 미분양 등 장기침체로 실패로 돌아가자 반작용으로 도시재생이 2012년대부터 유행처럼 번졌고, 이렇게 움튼 도시재생은 2017년 출범한 문재인 정부에서 '도시재생 뉴딜 사업'이라는 이름의 국가 프로젝트로서 본격화했다.

반세기 넘게 빠른 개발 위주의 성장에 익숙해진 대한민국에서, 다소 느리고 효과도 눈에 보이지 않는 유럽형 도시재생은 별로 환영받지 못했다.

도시재생은 우리가 한 번도 가보지 않은 길이었다. 신도시나 뉴타운 사업 같은 국가의 하향식 사업이 아니라, 지역에 맞게 계획을 수립하는 최초의 상향식 도시발전 사업이기에 혼란에 부딪힐 수밖에 없었다.

**여기저기서 도시재생을 부르짖으면서도 재생이 대체 뭔지는 전문가들만 알 뿐이었다. 도시재생은 공무원들이 일방적으로 이끌어 가는 또 다른 관치사업이 됐고, 주민들은 영문도 모른 채 뭔가 좋아지**

**는 건가 보다 생각하며 멀리서 관망할 뿐이었다.**

도시재생에는 정답이 없다. 다른 지역의 좋은 사례들도 우리 지역
에는 적합하지 않을 수 있고, 우리 지역 실정에 맞는 방식이 가장 최
고의 해답이 될 수도 있다.


2018년, 시장 취임 당시에 고양시에도 이미 화전·원당 두 개 마
을이 도시재생 뉴딜 사업지로 선정되어 삽을 뜨기 위해 준비 중이었
다. 총 300억 원이 투입되는 대형 사업이었다.

그러나 계획안을 들여다보니 고양시만의 차별성은 눈에 띄지 않았
다. 도로를 새로 깔고, 건물을 새로 짓고, CCTV 몇 개를 더 달아주는
단순한 물리적 정비사업 같다는 느낌을 지울 수 없었다. 붕어빵 찍어
내듯 진행되는 재생사업을 각기 고유한 색채를 갖춘 주민 주도의 사업
으로 만들기 위해 전면적인 계획 수정이 불가피한 상황이었다.

도시재생은 모순된 상황도 만들어냈다.

어느 날 도시재생포럼에 참석했다. 전국의 도시재생 전문가라는
사람이 모두 모여 있었다. 회의장에서는 발제자와 패널이 도시재생
전략에 대한 열띤 논의를 펼쳤다. 그런데 같은 시간, 바로 위층 회의
장에서는 재건축 추진 여부를 판단하는 적합성 평가를 두 개의 숫자
로 써 내려가고 있었다.

우리 사회의 모순을 그대로 압축하고 있는 광경이었다. 같은 건물
안에서 한쪽은 도시개발을 뜯어말리고, 한쪽은 도시개발을 부추기
고 있다. 한강이 내려다보이는 초고층 빌딩에서 "천천히 함께 가자"

고층 아파트와 노후 가옥의 공존

는 도시재생의 철학을 외치면서, 수도권에 신도시를 지어 인구를 더욱 집중시킨다.

이 포럼에 축사 요청을 받고 참석했다. 그러나 축사란 것을 금세 잊은 채, 준비했던 원고를 접고 격앙된 목소리로 외쳤다.

"한쪽에서는 도시재생을 말하고, 한쪽에서는 49층 고층건물을 짓습니다. 어떻게 이 두 가지 일이 동시에 일어날 수 있습니까? 조상 잘 만나서 재건축을 얘기하지 50층을 짓고 나면 그 건물은 누가 철거비용을 내며 어떻게 재건축합니까?"

도시재생의 사전적 의미는 '낡은 마을을 전면 철거하지 않고 마을의 도로나 공원, 골목, 공공시설 등 거점을 부분적으로 정비하는 과정'이다. 그러나 이 설명만으로는 도시재생을 충분히 말해주지 못한다.

고양시에서 가장 학원가가 많고 교육열도 높은 주거단지인 후곡마을이 있다. 이 후곡마을은 과거 일산의 뒤쪽 골짜기에 있는 마을이라 하여 후동으로 불렸는데, 30년 전까지만 해도 마을 대부분이 논밭과 과수원이었다. 그러나 이 땅은 일산 신도시 개발로 나무 한 그루, 심지어 흙 한 줌조차 싹쓸이되고 아스팔트로 잘 덮인 채 후동의 흔적을 찾을 수 없게 되었다. 그저 후곡마을이라는 지명에서만 일말의 유사성을 찾을 수 있을 뿐이다. 이렇게 한 마을을 세상에 아예 존재하지 않았던 것처럼 지워버리는 방식이 재개발과 재건축이다.

반면 마을 특유의 문화와 역사, 질감과 향취를 보존하면서 마을의 매력을 극대화하는 작업이 도시재생이다. 마을 특유의 문화는 그곳에 살아가는 주민들의 일상이 누적되어 만들어진다. 건물과 자연 등 물리적 요소는 물론, 그 안에 살아가는 사람들의 생활양식, 말소리와 숨소리 하나하나가 세포처럼 모여 도시라는 유기체를 만든다. 그래서 도시는 늘 긴 시간의 연속선상 위에 있다.

아무리 좋은 여행지에 가도, 아무리 재미있는 모임에 가도 얼마 지나지 않아 집 생각이 나게 하는 것은 우리 동네 고유의 정취다. 손때 묻은 동네 공원과 고즈넉한 골목길, 불을 환히 밝힌 편의점, 나만 보면 꼬리를 흔드는 식당집 개까지 모두 내게는 평범하지만 익숙하고 의미 있는 지점들이다. 하우스(house)가 아닌 홈(home)을 떠올리는 것이다.

도시재생은 이렇게 의미 있는 '장소'를 보존하는 행위이며, 우리 마을이 좋고, 앞으로 더 오래 살고 싶다는 생각의 실현이다. 그 때문에 도시재생은 능곡의 사례처럼 주민이 직접 주도해 이뤄질 수밖에 없으며, 그래야만 한다. 독일 항구도시 하펜시티는 도시재생 과정에서 주민 의견을 듣고 참여를 끌어내는 데만 10년이 걸렸다.

또, 도시재생은 눈에 띄는 성과가 쉽사리 드러나지 않는다. 뭔가 정돈된 것 같긴 한데 화려한 고층건물도 없고, 8차선의 번듯한 도로가 개통된 것도 아니다. 마을이 '천지개벽'이라도 할 것이라고 기대했지만, 기대에 비해 초라한 결과 때문에 일각에서 도시재생은 실패작으로 불리거나 무용론이 대두되기도 했다.

그러나 도시재생의 성공 여부는 공급자가 아닌 수요자에 달려 있다. 그 안에 살아왔고 앞으로 살아갈 주민들이 직접 마을의 그림을 그리고, 이 그림이 얼마나 잘 구현됐느냐가 도시재생의 성패를 판가름한다. 주민들 외에 어떤 외부인도 쉽게 사업을 평가하거나 점수를 매길 수 없는 성질의 것이다.

만약 도시재생이 실패했다면 그것은 공무원들이 일방적으로 그림을 그리고, 이 그림에 주민들은 그저 박수를 보낼 것만 원하는 관치의 우를 범했기 때문이리라.

"우리는 대규모 개발을 원하지 않는다. 인프라가 더 많아지고, 마을 골목길이 아름다워지고, 걷기 좋은 거리가 만들어지기를 원할 뿐이다."

재생사업을 시작한 한 마을 주민의 말은 마음에 늘 울림으로 남는다.

# 04

# 마을 곳곳에서 일어난
# 작은 변화들

사람을 만나 이야기 나눌 수 있는 곳이 카페와 밥집뿐이라는 것은 아이러니한 현실이다. 도시에서 누구에게나 유일하게 개방된 공간은 공원뿐이며, 그 외 거의 모든 공간이 재화로 입장하는 사적 공간이다. 공원에서, 아니면 커뮤니티센터에서 이웃을 만나 10분, 20분이라도 이야기 나누는 일상은 너무나 허황한 꿈일까? 인적이 드문 거리에 주민 공유 공간이 들어서면서 그 주변으로 하나둘 식당과 카페 등 점포가 생겨나고, 그 지역의 상권이 살아난다면 상점이 즐비한 이 거리는 우리의 자산이 될까?

도시재생은 이 막연한 질문에 대한 해답이었다. 도시재생은 도시의 모든 요소를 끌어안고, 사람을 연결하는 사업이다.

2007년부터 시작된 고양시 20개 뉴타운 사업은 사업의 불안정성과 위험성으로 갈 길을 찾지 못한 채 절반 이상인 11곳이 해제됐다.

그러나 해제 이후가 더 문제였다. 아무 계획 없이 방치했다가는 민간 건설사들의 쪼개기식 난개발이 마구잡이로 일어날 수 있다.

도시재생으로 이 마을들을 살리는 것으로 방향을 선회했다. 국가 차원의 도시재생 프로젝트인 '도시재생 뉴딜 사업'에 고양시는 무려 5개의 지역이 선정됐는데, 이 중 일산, 능곡, 원당 3곳이 뉴타운 해제지역이었다. 매년 80억 원을 도시재생특별회계라는 별도 주머니에 넣어 사업이 연속성을 잃지 않도록 했다.

그 시작은 능곡역을 지켜냈던 능곡 4구역이었다. 주민들은 뉴타운을 반대하는 과정에서 처음 뭉쳤다. 통반장과 동 대표, 상인회, 동장 등이 참여하는 주민공동체를 구성하고 매주 주민회의를 열어 마을 현안을 논의했고, 고양시 최초로 주민 자발적으로 뉴타운 해제를 신청해 2013년 결국 해제를 끌어냈다. 그리고 고양시 5번째 도시재생 뉴딜 사업에 선정됐다.

원당으로 통칭되는 주교동은 1960년대 고양군청이 이전해 오면서 생긴 구도심으로, 30~40년 이상 된 저층의 노후주택지가 대부분이다. 인근에 택지개발지구가 생겨 인구가 점차 빠져나가고 고령화되고 있었다. 게다가 주교동은 다른 마을에 대개 100~200억 원대의 예산이 투입되는 데 반해 총 사업비가 약 80억 원으로 적은 편이었다.

그러나 만족도는 상당히 높았다. 하나부터 열까지 주민과 협의하고 의견을 들어 사업을 추진했기 때문이다. 주민으로 구성된 협의체를 만들고, '현장지원센터'가 상주해 전문적으로 주민들을 지원했다.

그 결과 소규모 골목재생이 진행된 다세대주택 주민들의 약 98%가 사업에 만족했다.

**노후화된 마을에 주차난은 고질적 문제였다. 불법주차로 몸살을 앓던 마을안길을 걷기 좋고 풍경 좋은 골목길로 주민들이 직접 개선했다. 낡아서 붕괴 위험이 있는 빌라 담장을 허물고 새 주차 공간, 그리고 주민 쉼터까지 만들었다. 공원 옆길에는 철쭉과 자작나무를 심어 삭막했던 공간을 녹색의 산책로처럼 포장했다.**

오래된 마을의 가장 큰 골칫거리는 대낮에도 귀신이 나올 것만 같은 폐가와 공터, 공실이었다. 40년이 지난 한 건물은 안전등급이 위험 수준에 속하는 D등급이 나왔다. 인근 주민 500가구의 의견을 모두 수렴해 결국 신축을 결정했다.

그렇게 새로 올린 공간은 1층에는 주민들이 직접 마을조합을 설립해 상점을 운영하기로 했다. 고양이 캐릭터를 이용한 빵, 지역 상가와 기술제휴를 통한 팥빙수 등을 판매했다. 수익금은 조합 운영비, 그리고 마을을 위한 또 다른 사업에 쓰기로 했다. 5층에는 바리스타 수업, 반찬 나눔 등이 가능한 공유주방과 카페를 설치했다.

2층은 초등생 돌봄, 3층은 어르신 돌봄과 일자리를 담당했고, 4층은 지자체 최초의 주거복지센터도 들어서 주민들의 안정적인 주거와 삶을 가까이서 돕기로 했다.

마을 한복판에는 20년 동안 방치됐던 사유지는 잡초와 돌멩이만 가득하고 을씨년스러운 느낌까지 주었다. 그러나 이곳도 주민이 직접 마을정원으로 변신시켰다. 시세대로라면 이 땅을 빌리는 데 연간

9천만 원 가까운 임대료가 들 것이었지만, 주민협의체에서 소유주를 찾아가 설득했고 소유주도 마을의 발전 차원에서 흔쾌히 무상임대해 주기로 용단을 내렸다. 이곳에 주민들이 직접 잔디와 꽃을 심었고, 주민을 위한 공연, 벼룩시장 등을 수시로 열었다.

한편, 50년 된 일산농협창고를 청년예술가를 위한 복합문화예술창작소로 리모델링하는 사업도 진행했다. 이 사업은 창고를 매입하는 데부터 적지 않은 진통이 있었다. 주민의 찬반 여론이 첨예했기 때문이다.

찬성하는 주민들은 오래되어 흉물이 되어가던 창고를 주민을 위한 공공시설로 탈바꿈하는 데 환영했다. 반대하는 주민들은 창고 인접지역에 지역개발주택을 짓는 조합원들로, 창고를 매입해 사업성을 높이고자 구상 중이었다. 결국 예산 심의과정에서도 의견이 다른 시의원들이 팽팽하게 맞서는 상황이 벌어졌다.

그곳은 일산초등학교 정문 앞으로, 그곳에 고층 주상복합을 짓겠다는 그 발상 자체가 비상식이다. 그곳은 일산에서 가장 오래된 농협창고로 그 당시에는 드문 지하실까지 갖춘 공간이었고 일산지역에 몇 개 남지 않은 역사적 건축물이다. 복합문화예술창작소로 리모델링될 이 공간이 주민을 위한 공간임을 생각한다면, 그 혜택은 결국 지역주택에도 돌아갈 일임에도 많은 갈등이 존재했고, 45억 원정도의 평가금액은 60억 원으로 상승하는 결과를 도출했다, 그래도 일산의 작은 부분일망정 역사가 깃든 공간을 남길 수 있게 되어 천만다행이란 생각이다.

도시재생을 위해 매입한 일산역 농협창고

　이 도시재생사업들은 사업기간이 종료됐거나 마무리를 앞두고 있지만, 그렇다고 해서 재생이 끝나는 것은 아니었다. 시에서 지원한 것은 마을을 살리기 위한 고농도 주사였을 뿐이다.

　우연인지는 모르지만 마침 4개 지역은 경의선이 지나는 길목이었다. 우리는 이를 '경의선 르네상스'로 명명했다. 도시재생은 비록 작은 규모처럼 보이지만 그 속에는 사람이 있고, 창의가 있고, 미래가 있다. 그리고 그 구역만의 특징이 있다. 미래는 일률적인 계획에서 이루어지는 것이 아니라 각 도시의 특색을 새롭게 살리는 것에서 시작된다.

# 05

# 재생은 과거가 아니라
# 미래를 바라보는 것

한편, 도시재생 뉴딜 사업지인 화전에는 국내에서 가장 큰 실내비행장을 갖춘 드론센터를 짓기로 했다. 하지만 드론센터 하나로만 드론 밸리를 만들어낼 수는 없었다. 드론 동호인들은 마치 하이에나처럼 드론 성지를 찾아다니는 습성이 있었지만, 예상 밖으로 땅보다 좁은 것이 하늘이었다. 수도권에는 단 두 개의 드론비행장이 있을 뿐이었다.

김포공항은 이름은 김포지만, 행정구역상으로는 서울 강서구에 있다. 가양비행장도 마치 서울에 있는 것 같지만, 고양시가 운영하고 있었다. 도심 내부가 아닌 한강변의 탁 트인 비행장으로 꽤 인기가 좋았지만, 시설이라고는 전혀 포장되지 않은 맨 흙바닥에 비닐 천막이 전부였다. 매번 비행 신고를 해야 하다 보니 동호인들은 그 옆의 하천을 무단 점유하고 불법으로 드론을 날리기도 했다. 그리고 종로구의 다목적 운동장과 야구장에 맞닿아 있다 보니 민원도 끊이지 않았다.

대덕동에 개장한 고양시 드론비행장

그러자 누군가 제안했다.

"사람들이 이렇게 좋아하는데, 아예 새 드론비행장을 정식으로 하나 만드는 게 어떻습니까?"

고양시에 있는 두 개의 한강공원 중 하나인 대덕생태공원에 드론비행장을 건립했다. 수년 전까지만 해도 군사지역으로 철조망이 사람들의 출입을 막고 있었지만, 그 덕분에 희귀 동식물과 아름다운 자연풍광을 잘 보존하고 있는 축복 같은 명소다.

그곳에 들어선 드론비행장은 시민들에게 색다른 즐거움을 선사했다. 가장 진보한 기술로 띄운 드론이 가장 잘 보존된 자연을 찍어내는 쾌감. 그것이 드론을 날려본 사람만 느낄 수 있는 희열이라고 한다.

24층 복합건물인 성사혁신지구의 경우 재생과 복합개발의 절충안인 '국가 도시재생 혁신지구' 1호다.

그동안 원당역은 사람이 모여드는 곳이 아니라 빠져나가는 공간이었다. 사람을 모여들게 하는 것은 일자리와 교육시설이다.

이 공간을 저녁에도 사람들이 상주할 수 있는 거점으로 만들기 위해 기업, 대학, 문화시설, 주택, 전통수제 작업장 등을 마련할 계획을 세웠다. 지역주민이 함께 이용할 수 있도록 동사무소도 배치하기로 했다. 차를 타고 대형 거점에서 또 다른 대형 거점으로 이동하는 현재의 도시는 이동의 과정일 뿐 삶을 나누는 생활의 목적지가 되지는 못한다.

도시를 잘 보존한다는 것이 과연 무엇일까. 옛것을 지키고 과거로 회귀하는 전통 지향이 도시의 보존일까? 그렇지 않다.

수많은 기업이 역사 속에서 사라진 것처럼, 도시도 그렇게 사라졌다. 도시재생은 마을이 단절 없이 지속하도록 돕는 것이다.

**도시는 보존해야 할 객체가 아니라 '생존'해 나가는 주체다. 일자리를 잃은 사람이 창업하듯이, 끊임없이 변화하는 시대 속에서 그렇게 살아남고 진화할 방법을 생각하는 것이다. 어떻게 보면 도시재생은 과거보다는 미래를 지향하는 사업이다.**

## 06
# 기록으로 남긴 도시재생

도시재생은 주민이 원하는 그림을 도시에 그리는 것이다. 그러나 이 그림을 그리기 위해서는 전문가의 손길이 필요하다. 정확한 구도와 밑그림, 강약 조절과 적절한 색 배합까지 주민의 꿈을 가장 현실적으로 그려내는 작가가 필요하다.

도시재생이 그저 단편적인 사업으로 지나가서는 안 된다는 생각이 들었다. 파편화된 사업들을 묶어 하나의 과정으로 남겨야 한다.

고양도시포럼을 처음 개최할 때만 해도, 고양시에는 킨텍스 전시를 빼고는 오랫동안 국제행사가 열리지 않았다. 준비는 설익은 밥처럼 서툴렀고, 예산을 집행하는 것도 부족함이 많았다.

그러나 고양시 5개 부서와 고양도시관리공사, 고양도시재생지원센터, 고양시정연구원까지 도시재생을 고민하는 브레인이 모여 오랜 기간 도시의 쇠퇴와 재생을 고민한 세계 석학을 초청했다.

제아무리 전문가라도, 오래 살아온 주민들이 파악하지 못하는 문제를 하루 이틀 돌아보고 발견할 수는 없다. 그래서 포럼 개최 반년 전부터 고양시에 관한 자료를 메일로 주고받았다. 비행기에서 이들이 내릴 때, 이미 고양시에 대해 50% 이상은 이해한 상태였다.

쇠퇴지역을 돌아보는 로컬 투어 일정 계속하며 석학들은 가장 인상적인 장소로 원당과 행주산성 일대를 꼽았다. 행주산성은 우리나라 3대 산성이지만, 주변 맛집 거리와 행주산성 등이 따로 놀고 있었다. 당시 참석한 한 교수는 이렇게 제안했다.

"로컬 투어는 굉장히 놀라운 경험이었다. 서울을 여러 번 방문했는데, 고양은 굉장히 인간적인 요소가 있는 도시다. 흔히 지역의 유산을 대단한 역사적 가치가 있는 것으로 생각하는데, 원딩의 진짜 자신은 그 주변에 있는 소규모 가게들이며, 이곳에서부터 시작해야 한다."

또 한 명의 석학 역시 핵심을 짚었다.

"원당은 삶이 생생하게 그려진 곳이다. 차가 더 많거나, 길이 더 넓다고 해서 이런 풍경이 생겨나는 것이 아니라 다양한 작은 가게들이 모여 있기 때문이다. 원도심에서의 주민 접근성이 좋아져야 하며, 그 핵심은 원당역이다."

세계의 석학들과 함께한 깊은 토론에도 주변에서는 고양도시포럼을 일회성 행사로 오해하기도 했다. 그러나 포럼은 일회성 이벤트가 아니라, 그 결과가 계속 누적되고 환류되는 하나의 기록화 과정이다.

**우리보다 앞서 도시재생을 시작한 국가들 대부분은 그것을 끝내는 데에 30년 이상이란 시간이 걸렸다. 영국의 도시재생은 10년, 20년간 마을 보도블록, 벽돌 하나 바꾸지 않은 상태에서 '이 벽돌을 바**

꾸어야 하는지' 고민한다. 그만큼 마을의 변화는 신중하게, 고민을 담아 이뤄져야 한다. 바로 우리가 시작한 일과 함께한 이야기를 꼼꼼하게 기록하고 남겨두어야 하는 이유다.

지금까지의 이야기는 도시재생이 옳고 재개발은 그르다는 이분법은 아니다. 그러나 이제 막 발을 디딘 도시재생이 섣부른 판단 앞에 실패론, 무용론에 부딪혀서도 안 된다.

우리는 너무 빨리 도시를 만들고 바꿔왔다. 도시재생은 이제 시작이며, 단 한 번으로 끝나지 않고 계속되는 과정이다. 우리로서는 성패를 판단하기엔 아직 너무 이르다. 아마도 도시재생의 평가는 그 속에서 삶과 인생을 충분히 누리는 후세의 주민들이 해야 하지 않을까.

# 누군가는 바른 정치를 해야 한다

새벽부터 문자 폭탄이나. 지하철역을 추가해달라는 문자다. 아침부터 진을 빼는 민원 폭탄을 받은 날이면 도대체 상식과 합리는 어디로 외출 나간 것이고 교육은 무엇을 가르치는가, 되묻게 된다. 동화에 토끼가 용궁에 끌려갔다가 간을 빼놓고 왔다고 하곤 되돌아나오는 얘기가 있다. 그와 같이 사람들의 합리성이 자신의 문제에 있어서만큼은 어디론가 휴가를 떠나보내곤 한다.

이익과 가치, 현재와 미래가 충돌할 때 누구 편에 서느냐는 중요한 문제다. 한번 결정된 것은 수십 년 영향을 미치고 바꿀 수 없기 때문이다. 애석하게도 가치와 미래는 힘이 없다. 나중에 위로는 받을지 몰라도 강한 영향력을 가진 것은 이익이고 현재다. 그럴 때마다 이런 얘기를 듣는다.

"요령껏 살아야지, 정치적으로 굴어야 행정을 할 수 있어."

어느 날 기분이 꿀꿀하던 참에 친구가 찾아왔다. 내 얘기를 좀 하고 싶었으나 자기 얘기만 늘어놓는다. 장시간 설교가 시작되고 짜증을 내지 않으면 끝나지 않았다. 그렇게 서먹서먹해진 친구들, 그렇게 부딪친 동네 사람들, 모두가 아쉽고 안타까울 뿐이다.

정치는 외로움과의 싸움이다. 힘든 결정을 해야 하고 그 결과는 훗날 나타나기 때문에 독백이며 혼자 걷는 길이다.

시간이 지나면 오늘 우리가 이렇게 고민하고 힘들게 결정했다는 사실을 아무도 기억하지 않을 것이다. 그러나 이런 퇴적 위에 오늘이 만들어지고 또 누군가 내일을 얹는다. 누군가는 바른 정치를 해야 한다. 우리가 먹고 자고 생활하는 모든 것을 지배하기 때문이다.

적당한 나이에 정치를 시작했다. 나이 50에 지방의원부터 출발했고 8년간 도정의 모든 것을 살펴볼 기회를 가진 것은 나의 행운이었다.

나만의 만족이 아니라 정치의 효용성에 대해 많은 시민이 공감하

길 바란다. 우리가 집착했던 날들이 과연 무엇으로 남았나 돌아본다. 이 책이 용기였으면 좋겠다는 생각을 해본다. 누군가 지치지 않고 나보다 더 멀리 갈 때 말동무라도 할 수 있게.

서점 한편에서 책을 보다가 아는 사람을 만나는 것처럼 반가운 일은 없다.

"어, 너도 여기 왔어."

그렇다. 알아야 하고 배워야 한다. 정치는 우려먹는 것이 아니라 새록새록 돋아나는 창조여야 한다. 새로 만드는 역사, 새로 세우는 질서다. 책방에 오늘도 네가 있다면 얼마나 좋을까. 기다림을 이렇게 풀어낸다.

"고맙다. 네가 있어줘서."

# 당신이 생각한 마음까지도 담아 내겠습니다!!

책은 특별한 사람만이 쓰고 만들어 내는 것이 아닙니다.
원하는 책은 기획에서 원고 작성, 편집은 물론,
표지 디자인까지 전문가의 손길을 거쳐
완벽하게 만들어 드립니다.
마음 가득 책 한 권 만드는 일이 꿈이었다면
그 꿈에 과감히 도전하십시오!

업무에 필요한 성공적인 비즈니스뿐만 아니라 성공적인 사업을 하기 위한
자기계발, 동기부여, 자서전적인 책까지도 함께 기획하여 만들어 드립니다.
함께 길을 만들어 성공적인 삶을 한 걸음 앞당기십시오!

## 도서출판 모아북스에서는 책 만드는 일에 대한 고민을 해결해 드립니다!

### 모아북스에서 책을 만들면 아주 좋은 점이란?

1. 전국 서점과 인터넷 서점을 동시에 직거래하기 때문에 책이 출간되자마자 온라인, 오프라인 상에 책이 동시에 배포되며 수십 년 노하우를 지닌 전문적인 영업마케팅 담당자에 의해 판매부수가 늘고 책이 판매되는 만큼의 저자에게 인세를 지급해 드립니다.

2. 책을 만드는 전문 출판사로 한 권의 책을 만들어도 부끄럽지 않게 최선을 다하며 전국 서점에 베스트셀러, 스테디셀러로 꾸준히 자리하는 책이 많은 출판사로 널리 알려져 있으며, 분야별 전문적인 시스템을 갖추고 있기 때문에 원하는 시간에 원하는 책을 한 치의 오차 없이 만들어 드립니다.

**기업홍보용 도서, 개인회고록, 자서전, 정치에세이, 경제 · 경영 · 인문 · 건강도서**

**모아북스** MOABOOKS 문의 0505-627-9784

# 돈 버는 시장

| | |
|---|---|
| **1판 1쇄** 인쇄 | 2022년 01월 24일 |
| **2쇄** 발행 | 2022년 02월 21일 |

| | |
|---|---|
| **지은이** | 이재준 |
| **발행인** | 이용길 |
| **발행처** | 모아북스 MOABOOKS |

| | |
|---|---|
| **관리** | 양성인 |
| **디자인** | 장원석 |

| | |
|---|---|
| **출판등록번호** | 제10-1857호 |
| **등록일자** | 1999.11.15 |
| **등록된 곳** | 경기도 고양시 일산동구 호수로(백석동)358-25 동문타워 2차 519호 |
| **대표전화** | 0505-627-9784 |
| **팩스** | 031-902-5236 |
| **홈페이지** | http://www.moabooks.com |
| **이메일** | moabooks@hanmail.net |
| **ISBN** | 979-11-5849-162-8  13350 |

모아북스 MOABOOKS 는 독자 여러분의 다양한 원고를 기다리고 있습니다.
(보내실곳 : moabooks@hanmail.net)